성공적인 글로벌 사업을 위한
비즈니스 러시아어

성공적인 글로벌 사업을 위한

비즈니스 러시아어

초판 1쇄 발행 2020년 05월 27일
초판 2쇄 발행 2022년 05월 20일

지은이 정몽진, 정영진, 류드밀라 구슬리스토바

펴낸이 김선명
펴낸곳 뿌쉬낀하우스
편집 예브게니 쉬테판, 엄올가
디자인 김율하
녹음 예브게니 쉬테판, 김율리아, 김보경
주소 서울시 중구 동호로 15길 8, 리오베빌딩 3층
전화 02)2237-9387
팩스 02)2238-9388
이메일 book@pushkinhouse.co.kr
홈페이지 www.pushkinhouse.co.kr
출판등록 2004년 3월 1일 제 2004-0004호

ISBN 979-11-7036-036-0 13790

Published by Pushkin House. Printed in Korea
Copyright ⓒ 2020 Pushkin House
　　　　　　ⓒ 정몽진, 정영진, 류드밀라 구슬리스토바

저작권법에 의해 보호를 받는 저작물이므로 무단 전재 및 복제를 금합니다.

성공적인 글로벌 사업을 위한

비즈니스 러시아어

Русский язык для бизнесменов

차례 СОДЕРЖАНИЕ

Урок 1 처음 연락하기
Первый контакт
9

Урок 2 서신 교환하기
Переписка об условиях сотрудничества
41

Урок 3 출장 일정 잡기
Переговоры о визите в Россию
67

Урок 4 공항 마중 나가기
Встреча в аэропорту
93

Урок 5 만찬 테이블에서
Ужин. За столом
121

Урок 6 사전 협의하기
Предварительное обсуждение

151

Урок 7 공장 방문하기
Посещение завода

175

Урок 8 제품 제안하기
Предложение товаров

205

Урок 9 주문하기
Оформление заказа

235

Урок 10 가격 협상하기
Обсуждение цены

259

Урок 11 커미션과 결제조건 정하기
Комиссионные. Условия оплаты

287

Урок 12 포장, 운송하기
Упаковка. Транспортировка

317

Урок 13 보험, 클레임
Страхование и жалобы

349

Урок 14 계약 체결하기
Подписание договора

379

Урок 15 공항 배웅하기
Проводы в аэропорт

405

Урок 16 주문 배송하기
Доставка заказа

431

부록 영역별 용어 정리
Тематический словарь

459

해답
Ключи к упражнениям

467

여기서 잠깐!

러시아 기업가 랭킹 1~12위 (2019)	116
건배사	144
소수의 표기와 읽기	279

УРОК 1

처음 연락하기

Первый контакт

Письмо
편지

Мы ищем партнёров в России

Step 1

Старший менеджер по зарубежным поставкам корпорации «ABC» Ким Минсу пишет первое письмо в отдел закупок ООО «Автопром» в целях установить контакт и предложить поставку продукции.

Корпорáция «ABC»
Респýблика Корéя
г. Сеул,
Каннам-гу, Тегеран-ро, 665
Тел: +82-2-333-45-67
Е-мейл: sales@abc.com

Отдéл закýпок ООО «Автопрóм»

Тéма: Предложéние о постáвке продýкции для светотéхники

14 мая 2019 г.

Уважáемые господá!

Нáша компáния былá оснóвана в 1958 годý и на сегóдняшний день явлáется крупнéйшим производителем лакокра́сочных материа́лов в Корее. Приорите́тным направле́нием на́шей рабо́ты явля́ется произво́дство кра́сок для автомоби́лей, судо́в, контейнеров, констру́кций промы́шленного по́льзования. Кро́ме того́, компа́ния «ABC» произво́дит синтети́ческие покры́тия для поло́в. На́ша проду́кция экспорти́руется в 35 стран по всему́ ми́ру.

В настоя́щее вре́мя мы и́щем партнёров в Росси́и. В связи́ с э́тим, мы хоте́ли бы обсуди́ть возмо́жность прямы́х поста́вок «Автопро́му» на́ших проду́ктов для автомоби́льной светоте́хники, в том числе́ ла́ков для рассе́ивателей и отража́телей.

В приложе́нии высыла́ем Вам катало́ги на́ших изде́лий. Для бо́лее дета́льного обсужде́ния сотру́дничества про́сим сообщи́ть нам конта́кты отве́тственного лица́ из отде́ла заку́пок. Наде́емся на долгосро́чное взаимовы́годное сотру́дничество.

С уваже́нием,
ста́рший ме́неджер по зарубе́жным поста́вкам,
Ким Минсу́

Step 2   A   Новые слова

■ поста́вка	*чего, кому*	납품, 공급, 제공, 조달
поставщи́к		공급자, 납품업자
поставля́ть/поста́вить	*что, кому*	공급하다, 납품하다, 제공하다

■ проду́кт		1) 제품, 생성물
		2) 식료품
проду́кты нефтепереработки		석유 정제 제품
예) Схожу́ в магази́н за про́дуктами. 가게에 가서 먹을 것 좀 사 올게요.		
проду́кция		제품

■ светоте́хника	(차량용) 조명 장치

■ ..., в том числе́ (и)...	*что*	~을 포함하여…

■ лак	니스, 유약, 클리어(도료)
кра́ска	도료, 페인트
лакокра́сочный материа́л (ЛКМ)	도료 제품

■ рассе́иватель		렌즈(자동차 부품)
рассе́ивать/рассе́ять	*что*	분산하다, 해산시키다,
		흩뜨리다, 흩어지게 하다

■ отража́тель		반사경(자동차 부품), 리플렉터
отража́ть/отрази́ть	*что*	1) (빛, 소리, 열 따위를) 반사하다,
		(거울 따위가 물건을) 비추다
		2) 반격하다, 격퇴하다,
		반박하다

> 예) Зе́ркало отрази́ло со́лнечный луч. 거울은 햇빛을 반사했다.
> Армия отрази́ла ата́ку врага́. 군대는 적의 공격을 격퇴했다.

- су́дно, суда́   배, 선박, 선함

- производи́ть/произвести́   만들다, 제작하다, 창조하다
  произво́дство   *чего*   생산, 제작, 공작
  произво́дственный   공업(상)의, 산업(상)의
  производи́тель   제작자, 제조사

- приорите́тное направле́ние   주 활동 분야, 우선 순위, 우선 방향

- покры́тие   도포, 포장
  синтети́ческое покры́тие   합성 피복

- приложе́ние   부가, 첨가, 부가물, 첨부물, 부록

- катало́г   *чего*   카탈로그, 목록

- отве́тственное лицо́   담당자, 책임자

- заку́пка   *чего*   구매, 수매
  заку́пщик   구매자
  закупа́ть/закупи́ть   구매하다
  заку́почный (заку́почная цена́)   구매의 (구매가격)

- долгосро́чный   장기적인

| ■ контáкты | 연락처(들) |
| конта́ктная информа́ция | 연락처 정보 |

| ■ взаимовы́годный | 서로에게 유익한 |

Step 3  Упражнения

1. Составьте предложения по образцу, используя подходящие падежи и предлоги.

Пример:
  • менеджер   ▫ продажи
  → Он менеджер по продажам.

1.	• Менеджер • Директор • Специалист	▫ продажи ▫ работа с клиентами ▫ персонал ▫ развитие бизнеса ▫ маркетинг ▫ информационные технологии ▫ логистика
2.	• Отдел занимается продажами • Я специалист по закупкам	▫ лако-красочные материалы ▫ аксессуары

Урок 1. Первый контакт

- косметика
- полупроводники
- бытовая техника

Step 4

Задание

Напишите первое письмо потенциальным партнёрам по бизнесу. Предложите им поставку товаров, производимых вашей компанией. Запросите контактную информацию сотрудника, ответственного за закупки.

제 1과. 처음 연락하기

# Письмо
편지

Мы надеемся на взаимовыгодное сотрудничество

Step 1

01-03

В ответ на первое письмо Кима ему позвонила директор отдела закупок ООО «Автопром» И. В. Зайцева и попросила прислать письмо с просьбой рассмотреть предложение на её адрес. Он пишет второе письмо.

Корпорация «ABC»

Республика Корея
г. Сеул,
Каннам-гу, Тегеран-ро, 665
Тел: +82-2-333-45-67
Е-мейл: sales@abc.com

Директору отдела закупок ООО «Автопром»

И. В. Зайцевой

Тема: Материалы и покрытия для светотехники

18 мая 2019 г.

Уважаемая Ирина Васильевна!

Корпорация «ABC» выражает Вам своё почтение. Как мы договорились в пятницу на прошлой неделе во время нашего телефонного разговора, направляю Вам письмо с просьбой рассмотреть предложение о поставках наших материалов и покрытий для светотехники.

Мы готовы предоставить любую информацию о наших материалах, ответить на все Ваши вопросы и помочь подобрать интересующие Вас продукты. Надеемся на взаимовыгодный диалог.

С уважением,
старший менеджер по зарубежным поставкам,
Ким Минсу

A Новые слова

- ООО, общество с ограниченной ответственностью 유한 책임 회사
  АО, акционерное общество 주식 회사
  ОАО, открытое акционерное общество 개방형 주식 회사, 상장 회사(구식 표현)
  ПАО, публичное акционерное общество 개방형 주식 회사, 상장회사, (ОАО가 ПАО로 변경됨)
  ЗАО, закрытое акционерное общество 폐쇄형 주식 회사

- выражать/выразить 표현하다, 표시하다, 나타내다

- почтение 존경, 존대, 경의

■ направля́ть/напра́вить — 보내다, 파견하다, 발송하다

■ рассма́тривать/рассмотре́ть
1) 주시하다.
2) 분별하다.
3) 심사하다, 연구하다, 검토하다

예) рассмотре́ть предложе́ние о поста́вках
공급 제안으로 검토하다

■ предоставля́ть/предоста́вить
1) 맡기다, 위임하다, 사용을 허락하다, 자유롭게 쓰게 하다, 시키다
2) 주다, 수여하다, 부여하다

■ подбира́ть/подобра́ть
1) 선택하다, 고르다, 선발하다, 발췌하다, 뽑다
2) 줍다, 집다, 거두다

예) подобра́ть проду́кт 제품을 선정하다

Step 3  Упражнения

2. Составьте предложения по образцу, используя подходящие падежи и предлоги.

Пример:
- По новому закону чиновники обязаны предоставлять
  ▫ информация об источниках своих доходов
  → По новому закону чиновники обязаны предоставлять

информацию об источниках своих доходов.

1.	• Позвольте выразить Вам благодарность • Благодарим Вас	▫ оперативная высококвалифицированная помощь ▫ плодотворное сотрудничество
	• Мы надеемся	
2.	• Прошу рассмотреть наше предложение • Правительство не рассматривает • Арбитражный суд рассмотрел заявление Федеральной налоговой службы	▫ взаимовыгодное сотрудничество ▫ организация фестиваля ▫ сокращение новогодних каникул россиян ▫ банкротство металлургического комбината
3.	• Правительство намерено предоставить • «Аэрофлот» предоставил • ОАО «РЖД» бесплатно предоставит	▫ дешёвые кредиты малому бизнесу ▫ скидка на все рейсы в Европу ▫ доступ к своим IT-сервисам

단어 TIP!

металлурги́ческий комбина́т 야금 공장 | арбитра́жный 중재의, 조정의 | арбитра́жный суд 중재재판소 | федера́льная нало́говая слу́жба 국세청

Step 4

Задание

Напишите краткое письмо вашим потенциальным партнёрам, в котором вы напоминаете о вашем телефонном разговоре и подтверждаете намерение сотрудничать.

Письмо
편지

Просим прислать предложение

Step 1

И. В. Зайцева отвечает на письмо Кима, выражает заинтересованность в сотрудничестве и просит прислать коммерческое предложение.

01-05

ООО «Автопром»	Нача́льнику отде́ла зарубе́жных поста́вок
Росси́йская Федера́ция,	корпора́ции ABC,
г. Москва́, Проспе́кт Ми́ра, 250	Ким Минсу́
Тел: +7-95-555-66-77	
Е-мейл: purchase@avtoprom.ru	

Те́ма: Запро́с предложе́ния о поста́вках материа́лов и покры́тия для светоте́хники

18 мая 2019 г.

Уважа́емый г-н Ким Минсу́!

Спаси́бо за Ва́ше письмо́ и интере́с к на́шей компа́нии.

Мы подтверждаем свою заинтересованность в лакокрасочных материалах, которые вы производите. Уверена, что нам удастся наладить успешное, плодотворное сотрудничество.

В приложении к письму Вы найдёте паспорт безопасности материалов, используемых в нашем производстве. Прошу прислать коммерческое предложение с аналогичными материалами, которые производятся вашей компанией.

Если у Вас возникнут какие-либо вопросы, пожалуйста, дайте мне знать. Всегда буду рада Вам помочь.

С уважением,
директор по закупкам,
И. В. Зайцева

Step 2

 **A** Новые слова

01-06

■ подтверждать/подтвердить		확인하다, 확증하다, 실증하다
■ заинтересованность заинтересовать(ся) заинтересованный заинтересован	*в чём*	관심, 흥미, 이해관계 관심을 끌다 (갖게 되다) 관심 있는 관심 있다

Урок 1. Первый контакт

- уве́рен   *в чём*   확신하다
  уве́ренный   확신하는, 굳게 믿는
  уве́ренно   자신있게
  уве́ренность   확신성, 자신감

- удава́ться/уда́ться   성공하다, 해내다, 대통하다

- нала́живать/нала́дить
  1) 고치다, 정비하다, 수리하다, 조절하다
  2) 조직하다
  3) 건설하다, 조정하다, 상태를 좋게 하다, 수리하다

  예) нала́дить сотру́дничество 협력하다

- плодотво́рный   유익한, 유용한, 성과 있는

- па́спорт безопа́сности материа́лов   물질 안전보건자료 (material safety data sheet, MSDS)

- комме́рческое предложе́ние   거래 제안서, 오퍼 (offer)

Step 3  Упражнения

3. Составьте предложения по образцу, используя подходящие падежи и предлоги.

Пример:
- быть уверенным   ▫ удаться + договориться
→ Не уверена, что нам удастся договориться.

- Мы заинтересованы   ▫ работа
→ Мы заинтересованы в работе

1.	• быть уверенным • не сомневаться	▫ смочь + наладить сотрудничество ▫ удаться + найти выход ▫ суметь + решить проблему
2.	• Россия и Корея заинтересованы • Наша компания заинтересована • Никто не заинтересован	▫ поставки нефти из России ▫ развитие двусторонних отношений ▫ отмена взаимовыгодной сделки

Step 4

Задание

Вы работаете в отделе закупок и получили предложение от российской компании. Напишите письмо, в котором вы подтверждаете заинтересованность в сотрудничестве, описываете товар, который вас интересует, и запрашиваете коммерческое предложение.

Чтение
독해

Рассказ о себе

1. На собеседовании

 **Текст**

Здравствуйте!

Меня зовут Ли Ынми, мне 29 лет, я не замужем.

Я окончила факультет экономики Тульского Государственного Университета 3 года назад.

Я хочу работать именно в вашей компании, так как вы являетесь лидером в профессиональной области, с которой я связываю свою дальнейшую карьеру.

Предложенная вакансия маркетолога сочетает в себе возможность напрямую участвовать в продвижении продукции и применять знание иностранных языков, что является для меня очень важным. Я уверена, что моё знание русского языка и культуры, будут способствовать успешной работе по продвижению корейских товаров на российском рынке.

Я считаю, что хорошо подхожу для этой должности, так как имею опыт в данной сфере и обладаю такими качествами, как целеустремлённость, ответственность и креативность. Мне нравится работать в команде, я коммуникабельный человек. Кроме того, я быстро обучаюсь, люблю узнавать что-то новое.

На предыдущем месте работы мне удалось за счет проведенных мной маркетинговых исследований добиться роста продаж на 15% и значительного повышения узнаваемости бренда.

Наверное, этого достаточно для рассказа. Если у вас есть вопросы, я готова ответить на каждый из них.

단어 TIP!

око́нчить факульте́т чего ~ 학부를 졸업하다 | ли́дер в о́бласти чего ~ 분야의 선도자, 리더 | свя́зывать свою́ карье́ру с чем 자신의 전공을 (무엇과) 연계하다 | вака́нсия кого 공석, (직장의) 빈 자리 | маркето́лог 마케터 | продвиже́ние чего 홍보, 프로모션 | спосо́бствовать чему 도움이 되다, 촉진시키다 | облада́ть ка́чествами 성향 또는 특징을 지니다 | удало́сь доби́ться 달성하게 되었다 | рост прода́ж 판매량 증가 | узнава́емость бре́нда 브랜드 인지도

4. Отметьте правильные ответы на вопросы и утверждения галочкой (✓).

1. Ли Ынми хочет связать свою профессиональную карьеру с этой компанией, потому что...

1) это стабильная компания (   )
2) это перспективная компания (   )
3) эта компания является лидером (   )

2. На какую вакансию претендует Ли Ынми?
1) менеджера по продажам (   )
2) маркетолога (   )
3) переводчика со знанием русского языка (   )

3. Она считает, что подходит на эту должность, потому что обладает таким качеством, как…
1) целеустремленность (   )
2) инициативность (   )
3) аккуратность (   )

4. Чего она достигла на прошлом месте работы?
1) снижения себестоимости и повышения узнаваемости бренда (   )
2) роста продаж и повышения узнаваемости бренда (   )
3) роста производства и повышения узнаваемости бренда (   )

단어 TIP!

претендова́ть на что ~에 대한 권리 또는 소유권을 주장하다, 노리다, 탐내다 | себесто́имость 원가

Step 3

Задание

Представьте себе, что вы на собеседовании и претендуете на одну из следующих должностей. Составьте рассказ о себе для такого собеседования.

Выберите должность:
- менеджер по продажам
- начальник отдела маркетинга
- начальник производственного отдела
- начальник отдела планирования
- другая должность, на которой вы хотите работать

2. На ужине с партнёрами. В неофициальной обстановке

 Текст

Разрешите представиться, меня зовут Ким Минсу.

Я уже 7 лет работаю в нашей компании старшим менеджером по зарубежным поставкам. Работа эта интересная, общение с клиентами даёт мне заряд энергии. Даже из общения с недовольными покупателями можно извлечь много полезного для нашего бизнеса.

Я учился на экономиста. Мне удалось получить стажировку в Москве на полгода, и после окончания стажировки я прожил там еще два года.

Мне часто приходится ездить в командировки по России, потому что для нашей компании Россия — это новый рынок с большим потенциалом. Я бывал во многих российских городах.

Я женат, у меня есть сын. Он учится в школе и любит играть в футбол — играет каждый день. Я бы тоже с удовольствием гонял мяч вместе с ним, но, к сожалению, у меня не так много свободного времени. Стараюсь чаще играть с сыном в выходные.

С женой мы познакомипись в Москве, когда я ездил в командировку. Она тогда училась в Московской государственной консерватории имени П. И. Чайковского по специальности «фортепиано».

Мы часто вспоминаем, как весело проводили время в Москве, и рассказываем ребёнку о России.

Урок 1. Первый контакт

> **단어 TIP!**
>
> дава́ть заря́д эне́ргии 활력을 주다 | извле́чь мно́го поле́зного 유익한 점이 많다 |
> учи́ться *на кого* (어떤 전문가가 되기 위해) 공부하다 | гоня́ть мяч 공을 차다 (공놀이 하다) |
> учи́ться по специа́льности *«что»* ~ 전공으로 공부하다

Step 2    Упражнения

5. Отметьте правильные ответы на вопросы и утверждения галочкой (✓).

1. На какой должности работает Ким Минсу?
   1) он старший менеджер по зарубежным закупкам ( )
   2) он старший менеджер по зарубежным поставкам ( )
   3) он младший менеджер по зарубежным поставкам ( )

2. На кого он учился?
   1) на экономиста ( )
   2) на экономическом факультете ( )
   3) на старшего экономиста ( )

3. Он ездил в командировки по России, потому что...
   1) Россия — это стабильный рынок с большим потенциалом ( )
   2) Россия — это перспективный рынок с большим потенциалом ( )
   3) Россия — это новый рынок с большим потенциалом ( )

제 1과. 처음 연락하기

Step 3

Задание

1) Расскажите о себе своим партнёрам по бизнесу. Постарайтесь включить в свой рассказ информацию о вашей профессиональной деятельности, о семье и хобби.
2) Задайте вопросы собеседнику, чтобы он мог в ответ рассказать Вам о себе.

3. Деловой приём. Поиск партнёров

 **Текст**

 Добрый день! Очень приятно с Вами познакомиться!

Меня зовут Пак Донсу.

Я владелец небольшой компании по производству строительных материалов. Мы с сотрудниками приехали на эту конференцию с целью найти хороших партнёров в России.

Я более 20 лет проработал в корпорации «АВС», набрался достаточно опыта в вопросах производства и 5 лет назад открыл свою компанию. Это очень интересный опыт для меня. Конечно, управление собственным бизнесом сильно отличается от работы в корпорации. Есть свои особенности и трудности. Но я очень рад, что принял такое решение. Сейчас у меня своё дело, о котором я так давно мечтал.

Как говорится, за двумя зайцами погонишься, ни одного не поймаешь. Поэтому я чётко определил цели лично для себя и для компании. Для себя — выучить русский язык и найти хороших друзей в России. А для компании — выйти на рынок России и СНГ и повысить продажи вдвое. Своей личной цели я, можно сказать, достиг. Я уже могу достаточно свободно говорить по-русски, у меня появились друзья в России — они успешные бизнесмены и очень интересные люди. И к достижению поставленной перед компанией цели мы тоже приближаемся. В прошлом году мы вышли на казахстанский рынок и наша продукция уже продаётся в 25 крупных магазинах. В этом году мы уже заключили первый контракт на поставку большой партии в Россию.

Я считаю, что в развитии — жизнь. Всегда интересно узнавать что-то новое и интересное, пробовать себя в новом деле. И мне очень нравится встречаться с такими интересными людьми и приятно проводить время.

단어 TIP!

владе́лец 소유자, 오너 | набра́ться о́пыта 경험을 쌓다 | За двумя́ за́йцами пого́нишься, ни одного́ не пойма́ешь. (속담) 두 마리의 토끼를 쫓다가 한 마리도 못 잡는다 | определи́ть цель 목표를 설정하다 | дости́чь це́ли 목표를 달성하다 | вы́йти на ры́нок 시장에 진출하다 | контра́кт на поста́вку 공급 계약서 | па́ртия това́ра 상품의 물량 | про́бовать себя́ в чём 어떤 분야에서 새로운 시도를 하다

Step 2  Упражнения

6. Отметьте правильные ответы на вопросы и утверждения галочкой (✓).

1. С какой целью Пак Донсу приехал на конференцию?
   1) пообщаться с хорошими партнёрами ( )
   2) выйти на российский рынок ( )
   3) найти хороших партнёров ( )

2. Где работает Пак Донсу?
   1) в корпорации ABC ( )

2) в небольшой компании ( )

3) у него своя компания ( )

3. Его российские друзья

1) успешные бизнесмены. ( )

2) приятные люди. ( )

3) хорошие люди. ( )

Step 3

Задание

1) Расскажите о себе потенциальным деловым партнёрам. Обратите особое внимание на достоинства вашей компании и продукции, на ваши достижения и планы.

2) Задайте вопросы собеседнику, чтобы он мог в ответ рассказать вам о себе.

제 1과. 처음 연락하기

Отдохнём! (Пословицы)
쉬어갑시다!

За двумя зайцами погонишься, ни одного не поймаешь.

한 가지 일에 집중하라. (두 마리의 토끼를 쫓다가 한 마리도 못 잡는다.)

Эта известная пословица учит нас вдумчиво, внимательно относиться к тому, чем мы занимаемся, и не браться сразу за несколько дел. Один охотник никогда не сможет поймать зайцев, бегущих в разные стороны. Люди часто с сожалением произносят эту пословицу, когда сразу берутся за несколько дел, но ни в одном не добиваются желаемых результатов.

1. Сегодня существует огромное количество веб-сайтов, которые можно отнести к категории социальных медиа. Крайне сложно одновременно продвигать свои товары и услуги во всех социальных сетях. Не зря говорят: за двумя зайцами погонишься, ни одного не поймаешь. Поэтому вам нужно выбрать одну или две социальные сети, которые являются наиболее оптимальными для вашего бизнеса и сосредоточить свои маркетинговые усилия именно на них.

단어 TIP!

социа́льные ме́диа 소셜 미디어 | социа́льная сеть 소셜 네트워크 (SNS) | оптима́льный 적정한, 최선의 | сосредото́чить 집중하다

2. Чтобы улучшить собственное положение, мы должны действовать обдуманно. Ведь как гласит старая народная мудрость, за двумя зайцами погонишься, ни одного не поймаешь. Теперь, когда мы наконец-то определились с тем, чего хотим, нужно наладить понятную коммуникацию с партнерами, поскольку сложившаяся ситуация не выгодна никому и только тормозит развитие. Далее нужно взяться за реализацию других возможностей.

단어 TIP!

де́йствовать обду́манно 신중하게 행동하다 | определи́ться *с чем* ~을 정하다 | нала́дить 조정하다, 상태를 좋게 하다 | сложи́вшаяся ситуа́ция 현상황, 현재 처한 상황 | тормози́ть 제동하다, 속도를 줄이다 | взя́ться *за что* 착수하다, 시작하다 | реализа́ция 실현, 실시

출처: texterra.ru
www.segodnya.ua

Важные выражения
주요 표현

01-10

1. Наша компания является крупнейшим производителем в Корее.

2. Какие приоритетные направления работы вашей компании?

3. Мы ищем партнёров в России и хотим обсудить возможность прямых поставок.

4. Направляю Вам письмо с просьбой рассмотреть наше предложение.

5. Мы готовы предоставить дополнительную информацию и ответить на Ваши вопросы.

6. Спасибо за интерес к нашей компании!

7. Прошу Вас прислать коммерческое предложение.

8. Дайте мне знать, если у Вас возникнут вопросы.

9. Я связываю свою дальнейшую карьеру с этой областью.

10. Я имею опыт в данной сфере и обладаю такими качествами, как целеустремлённость и ответственность.

11. Я работаю старшим менеджером по зарубежным

поста́вкам.

12. Мне ча́сто прихо́дится е́здить в командиро́вки по Росси́и.

13. Росси́я для на́шей компа́нии – но́вый ры́нок с больши́м потенциа́лом.

14. Я владе́лец компа́нии по произво́дству строи́тельных материа́лов.

15. Я чётко определи́л це́ли для себя́ и для компа́нии.

16. Мы заключи́ли контра́кт на поста́вку большо́й па́ртии проду́кции в Росси́ю.

УРОК 2

서신 교환하기
Переписка об условиях сотрудничества

Письмо
편지

Просим сообщить условия и объёмы поставок

Step 1

В ответ на письмо И. В. Зайцевой Ким Минсу запрашивает у неё условия и объёмы предполагаемых поставок.

Корпорáция «АВС»
Респýблика Корéя
г. Сеýл,
Каннам-гу, Тегерáн-ро, 665
Тел: +82-2-333-45-67
Е-мейл: sales@abc.com

Дирéктору отдéла закýпок ООО «Автопрóм»
И.В. Зайцевой

Тéма: Запрóс предложéния о постáвках материáлов и покры́тия для светотéхники.

20 мая 2019 г.

Уважáемая Ири́на Васи́льевна!

Благодарю́ Вас за операти́вный отвéт!
Чтóбы состáвить коммéрческое предложéние, нам

Урок 2. Переписка об условиях сотрудничества.

необходи́мо знать усло́вия и объёмы поста́вок материа́лов, кото́рые вам тре́буются.

Кро́ме того́, е́сли вас интересу́ет наш но́вый лак для линзо́ванной о́птики, мы гото́вы предоста́вить жи́дкие образцы́ для тести́рования. Тако́е ко́мплексное предложе́ние бу́дет для вас намно́го вы́годнее.

С уваже́нием,
ста́рший ме́неджер по зарубе́жным поста́вкам,
Ким Минсу́

Step 2

 Но́вые слова́

 02-02

■ операти́вный	1) 작전의, 계획 실행의 2) 실행력 있는, 능률적인, 거래(업무, 사무)에 관한
■ комме́рческое предложе́ние	거래 제안서, 오퍼(offer)
■ ли́нза линзо́ванный	렌즈 렌즈를 이용한, 렌즈가 장착된
■ о́птика = светоте́хника	조명 장치, 헤드램프(부품)
■ ко́мплексное предложе́ние	일괄 거래, 패키지 딜 (package deal)

- вы́годный   유리한, 유익한
- вы́годнее   더 유리하다, 더 유익하다

Step 3

1. Обратитесь к вашему партнёру с благодарностью, интересом или надеждой, используя следующие выражения в правильной форме и предлоги, где это необходимо.

Пример:
- Мы благодарны Вам
- успешная реализация этого проекта
→ Мы благодарны Вам за успешную реализацию этого проекта.

1.		
	• Я благодарю Вас *за что* • Мы благодарны Вам *за что*	▫ оперативный ответ ▫ выгодное предложение ▫ взаимовыгодное сотрудничество ▫ повышение качества продукции ▫ исправление ошибок ▫ решение проблем
	• Мы очень заинтересованы *в чём* • Нас интересует *что*	
	• Мы надеемся *на что*	

2. Составьте предложения, используя сравнительную степень прилагательных из правого столбца.

Пример:
- Эта покупка будет   ◦ выгодный
→ Эта покупка будет выгоднее для нас.

1.		
	• Эта покупка будет	◦ дешёвый
	• Эта мебель будет	◦ дорогой
	• Этот начальник будет	◦ строгий
	• Этот сотрудник будет	◦ интересный
	• Этот праздник будет	◦ скучный
	• Это путешествие будет	◦ опытный
	• Этот компьютер будет	◦ быстрый

Step 4

Задание

Вы переписываетесь с деловыми партнёрами. Запросите дополнительные сведения об условиях и объёмах товаров, которые им требуются. Сделайте им дополнительное комплексное предложение с новым продуктом вашей компании.

Письмо
편지

Сообщаем подробные условия и объём поставок

Step 1

02-03

В ответ на запрос Кима И. В. Зайцева сообщает подробные условия и объём предполагаемых поставок, а также высылает спецификацию товаров.

ООО «Автопро́м»
Росси́йская Федера́ция,
г. Москва́, Проспе́кт Ми́ра, 250
Тел: +7-95-555-66-77
E-мéйл: purchase@avtoprom.ru

Нача́льнику отде́ла
зарубе́жных поста́вок
корпора́ции ABC,
Ким Минсу́

Те́ма: Запро́с предложе́ния о поста́вках материа́лов и покры́тия для светоте́хники.

21 мая 2019 г.

Уважа́емый г-н Ким Минсу́!

В отве́т на Ваш запро́с от 19 ма́я прошу́ присла́ть нам комме́рческое предложе́ние на усло́виях ФОБ в коре́йском порту́.

Годовой объём поставок:

1) покрытие рассеивателя — 28 000 кг;

2) покрытие отражателя — 50 000 кг.

В качестве покрытия линз мы используем лак «А». Пожалуйста, ознакомьтесь с паспортом безопасности этого продукта в приложении. Если ваш лак для фар соответствует данной спецификации, мы готовы рассмотреть возможность использования его в нашем производстве.

С уважением,

директор по закупкам,

И.В. Зайцева

А   Новые слова

■ ФОБ   FOB, 본선 인도의

■ годовой   연간의

예) Годовой оборот нашей компании составляет 10 млн долларов. 우리 회사의 연간 매출은 1천만 달러이다.

полугодовой	반년의, 6개월의
квартальный	분기의, 3개월의
месячный	1개월의
недельный	일주일의

- фа́ра — (자동차의) 헤드라이트

- спецификáция — 사양서, 스펙

Step 3 Упражнения

3. Составьте предложения, используя следующие выражения в правильной форме и предлоги, где это необходимо.

Пример:
- Сообщаем Вам ▫ проведение собрания
→ Сообщаем Вам о проведении собрания жильцов нашего дома.

1.	• Высылаем Вам предложение *о чём* • Предлагаем Вам *что*	▫ поставки товара ▫ закупки продукции ▫ сотрудничество
	• Нас интересует *что* • Мы заинтересованы *в чём*	▫ участие в форуме ▫ организация конференции
2.	• Ознакомьтесь *с чем* • Примите к сведению *что* • Сообщаем Вам *о чём*	▫ спецификация ▫ паспорт безопасности ▫ наши условия сделки ▫ пожелания клиента

3.	• Товар соответствует *чему*	▫ технические условия
	• Продукция отвечает *чему*	▫ спецификация
		▫ требования заказчика
	• Наши условия совпадают *с чем*	▫ ваши условия

Step 4

Задание

Сообщите деловым партнёрам, какой товар вы хотели бы закупить (или продать), в каких объёмах и на каких условиях. Также запросите у них дополнительно информацию о товаре, который вас интересует.

Урок 2. Переписка об условиях сотрудничества.

Письмо
편지

Делаем коммерческое предложение и предлагаем новый продукт

Step 1

02-05

Ким Минсу высылает коммерческое предложение в соответствии с полученными условиями и предлагает дополнительные товары, которые могут заинтересовать покупателя.

Корпорация «ABC»
Республика Корея
г. Сеул,
Каннам-гу, Тегеран-ро, 665
Тел: +82-2-333-45-67
Е-мейл: sales@abc.com

Директору отдела закупок ООО «Автопром»
И.В. Зайцевой

Тема: Запрос предложения о поставках материалов и покрытия для светотехники.

22 мая 2019 г.

Уважаемая Ирина Васильевна!

Благодарю Вас за предоставленную информацию!

51

Что каса́ется покры́тий для линзо́ванной о́птики, у нас есть не то́лько проду́кт, аналоги́чный ла́ку «А», но и но́вый проду́кт с улу́чшенными характери́стиками. Мы хоте́ли бы сде́лать вы́годное для вас предложе́ние о поста́вке всех трёх проду́ктов в ко́мплексе, включа́я нове́йшее покры́тие линз. На́ше покры́тие име́ет сертифика́т соотве́тствия АМЕСА, гара́нтия 5 лет (см. прило́женный файл). Покры́тие одо́брено автомобилестрои́тельной компа́нией «XYZ» по техни́ческим усло́виям № 123456Q (см. приложенный файл). Наш проду́кт име́ет ряд техни́ческих преиму́ществ, включа́я высо́кую сто́йкость к клима́тическим возде́йствиям и адге́зию.

Прилага́ю два комме́рческих предложе́ния — на покры́тия для рассе́ивателя и отража́теля в ука́занных Ва́ми объёмах и на три проду́кта в ко́мплексе. Про́сим рассмотре́ть о́ба предложе́ния, поско́льку заку́пка всех трёх проду́ктов бу́дет для Ва́шей компа́нии значи́тельно бо́лее вы́годной.

Наде́емся на долгосро́чное взаимовы́годное сотру́дничество.

С уваже́нием,
ста́рший ме́неджер по зарубежным поставкам,
Ким Минсу́

Новые слова

■ аналоги́чный	чему	비슷한, 유사한
■ улучша́ть/улу́чшить		개선하다, 개량하다
улу́чшенный		보다 나은, 개선된
■ характери́стика		1) 특성, 사양
		2) 평정서
■ ко́мплекс		복합체, 종합체, 세트
в ко́мплексе		복합적으로, 한꺼번에
■ сертифика́т соотве́тствия		적합성 증명서
■ гара́нтия		보증, 보장, 담보

例) гаранти́йный срок эксплуата́ции (사용) 보증 기간

■ автомобилестрои́тельный	자동차 제조의
автомобилестрое́ние	자동차 제조업
■ техни́ческие усло́вия = специфика́ция	장점, 이점, 우위
■ сто́йкость	내성, 강도
■ возде́йствие	영향

■ адге́зия   부착(성)

Step 3  Упражнения

4. Составьте предложения, выражающие схожесть двух объектов. Используйте для этого следующие выражения в правильной форме и предлоги, где это необходимо.

Пример:
- Этот лак   ▫ аналогичен   ▫ новый товар
→ Этот лак аналогичен новому товару.

1.	• Этот лак • Эти покрытия • Это средство • Рисунок	▫ аналогичен *чему* ▫ похож *на что* ▫ такой же, как *что* ▫ напоминает мне *что*	▫ известная картина ▫ мой любимый крем ▫ наша продукция ▫ товар другой фирмы
2.	• Предложение о поставках • План закупок	▫ строительные материалы ▫ новая продукция ▫ оптическое покрытие ▫ автомобильные покрышки	

Урок 2. Переписка об условиях сотрудничества.

Step 4

Задание

Напишите письмо деловым партнёрам с описанием нового продукта вашей компании и объяснением, почему им выгодно приобрести этот продукт. В описании расскажите о его технических характеристиках. Опишите суть коммерческого предложения, прилагаемого к этому письму.

Чтение
독해

Рассказ о компании

Рассказ о компании 1

 Step 1 Текст

 Позвольте коротко рассказать о корпорации КСС.

Наша компания была основана в 1958 году в качестве производителя строительных материалов (шифер).

Основателями компании были Чон Чжуён, который также является основателем группы компаний Хёндэ, и его младший брат Чон Санъён.

Вначале компания КСС входила в состав группы Хёндэ, но в 1990-х годах по рекомендации правительства Республики Корея наша компания вышла из группы Хёндэ и начала самостоятельно заниматься бизнесом по своему профилю.

В данный момент г-н Чон Санъён является почётным председателем КСС, а его старший сын Чон Монджин — председателем.

В 1974 г. в деятельность компании КСС было добавлено новое бизнес-направление: строительные покрытия.

В 2003 году КСС впервые в Корее построила завод по производству силиконовых мономеров. Это стало значимым событием в условиях стопроцентной зависимости страны от импорта силиконового сырья в то время.

Сейчас у компании КСС три основных направления бизнеса: 1) строительные материалы; 2) покрытия; 3) силиконы и новые материалы.

Навстречу новым вызовам глобализации в 2014 году КСС приобрела компанию «Momentive», вышедшую из группы General Electric в 2006 году.

В области производства силиконов компания работает уже 80 лет — с момента её создания, и является одним из трёх крупнейших мировых производителей. В начале работы с силиконами КСС основывалась на российских технологиях, а теперь она стала одной из крупнейших компаний этой отрасли. За 60 лет компания разработала глобальные сети во всём мире, включая Европу, Америку, Азию. Численность работников составляет 13 000 человек, а годовой оборот компании 7 млрд долларов.

С Россией мы работаем по второму из этих трёх направлений: поставляем лакокрасочные материалы. КСС поставляет краски на автозавод «Хёндэ» в Санкт-Петербурге с момента его открытия. До экономического кризиса нашими основными клиентами были в России Ижевский автомобильный завод, завод «Дервейс» в Черкесске, Запорожский автомобильный завод на Украине и АвтоВАЗ в Тольятти.

단어 TIP!

основа́ть компа́нию 회사를 설립하다 | строи́тельные материа́лы 건자재 | входи́ть в соста́в *чего* ~의 일부가 되다, ~에 소속되다 | почётный председа́тель 명예 회장 | би́знес-направле́ние(=направление бизнеса) 사업방향, 사업분야 | строи́тельные покры́тия 건설용 도포재 | силико́новые мономе́ры 실리콘 모노머 | зави́симость *от чего* 의존 | экономи́ческий кри́зис 경제 위기 | се́ть предприя́тий 업체 네트워크, 망 | толчо́к к разви́тию 발전에 대한 자극

Step 2 — Упражнения

5. Отметьте правильные ответы на вопросы и утверждения галочкой (✓)

1. Корпорация КСС была основана в качестве…
1) производителя лакокрасочных материалов ( )
2) продавца строительных материалов ( )
3) производителя строительных материалов ( )

2. Сегодня производство покрытий – это…
1) основное бизнес-направление компании ( )
2) новое бизнес-направление компании ( )
3) перспективное бизнес-направление компании ( )

3. По какому направлению корпорация КСС работает с Россией?
1) строительные материалы ( )
2) лакокрасочные материалы ( )
3) силиконы и новые материалы ( )

Рассказ о компании 2

 Step 1 Текст

 02-08

Разрешите представить Вам корпорацию Kakao, в которой я счастлив работать уже 3 года.

Мессенджер Kakao Talk от компании Kakao Corp., появившись на мобильных прилавках в марте 2010 года, оказался первым мессенджером, разработанным корейской командой.

В настоящее время мессенджер Kakao Talk настолько распространён и популярен в Корее, что выражение «пришли мне Katalk» используется в корейском языке вместо привычного «пришли мне СМС». Напоминает русское «погугли», не так ли? Katalk — сокращение от Kakao Talk — уже стало в корейском языке выражением, понятным всем.

В чём же ключ к успеху нашей компании? Я думаю, что одной из причин успеха является миссия компании, определённая при её основании — «расти вместе к лучшему» (имеется в виду, расти вместе с партнёрами). Главными особенностями продуктов нашей компании было решено сделать высокую лояльность к пользователю, прямую социализацию и наличие игр — главного развлекательного элемента. Ещё одна причина, как мне кажется, в нашей трудоспособности. Как говориться, делу — время, а потехе — час. Мы действительно много и увлечённо работаем.

Таким образом, сейчас формула успеха Kakao включает в себя набор фактов и эмоций: лояльность + инструменты социализации + игры.

Говорить о лояльности лучше всего на примере запущенной в 2011-ом году инициативы «100 улучшений». В её рамках компания принимала от своих пользователей предложения и концепции по улучшению сервиса. Одной из таких концепций стала пользующаяся сегодня огромной популярностью Kakao Story. Она же, в свою очередь, реализует «социальный» подход.

В 2012-ом корпорация Kakao сделала очередной шаг к успеху: реализовала игровую часть «формулы», выпустив в июне KAKAO Game Platform. На тот момент у приложения уже было 82 млн. установок на iOS и Android.

Kakao Corp. — с 14 октября 2014 г. публичная компания, в листинге на корейской фондовой бирже KOSDAQ, the Korean Stock Exchange.

В октябре 2014 года Kakao Corp. объединилась с Daum Communications в единую компанию Daum Kakao. В середине того же года состоялся запуск платёжной системы Kakao Pay.

На сегодняшний день в Южной Корее программой KakaoTalk пользуется 93% владельцев смартфонов. В компании работает уже более 4500 сотрудников. Приложение Kakao Talk доступно в 230 странах мира, переведено на 15 языков, имеет более 41 млн ежемесячно активных пользователей.

Мне очень интересно участвовать в таком быстроразвивающемся проекте, и я горжусь, что в успехе нашей компании есть и мой скромный вклад.

Урок 2. Переписка об условиях сотрудничества.

> **단어 TIP!**
>
> прила́вок 매대 | гу́глить 구글 검색하다 | распространённый 전파된, 널리 알려진, 보편적인 | лоя́льность к кому 충성심 | социализа́ция 사회화 | Де́лу — вре́мя, а поте́хе — час. (속담) 열심히 일하고, 잘 놀아라. | реализо́вывать 실현하다 | подхо́д 접근 방법, 취급법 | устано́вка 설치 | ли́стинг 리스팅, 목록 | фо́ндовая би́ржа 주식 거래소 | за́пуск 1)시동, 발사 2)런칭, 판매 시작 | платёжная систе́ма 결제 시스템 | моби́льный прила́вок 모바일 앱 스토어 | поте́ха 오락, 재미 | увлечённо 흥이나게, 몰두하여

Упражнения

6. Отметьте правильные ответы на вопросы и утверждения галочкой (✓).

1. Мессенджер Kakao Talk был
  1) первым мессенджером на корейском рынке. ( )
  2) первым мессенджером, созданным корейской компанией. ( )
  3) первым мессенджером, ставшим популярным в Корее. ( )

2. ... не является особенностью Kakao Talk.
  1) Лояльность к пользователю ( )
  2) Наличие игр ( )
  3) Бесплатность приложений ( )

3. С какой целью было создано приложение Kakao Story?
  1) в качестве одной из концепций по улучшению сервиса ( )
  2) для реализации социального подхода ( )
  3) как игровая часть «формулы успеха» компании ( )

Step 3

Задание

Расскажите об одной из следующих компаний:
- компания по производству бытовой техники
- компания по производству косметики
- компания по производству строительных материалов
- компания, которую вы создадите (или уже создали) сами

Урок 2. Переписка об условиях сотрудничества.

Отдохнём! (Пословицы)
쉬어갑시다!

Делу — время, а потехе — час.
열심히 일하고, 잘 놀아라.

Час — это небольшая часть времени. Поэтому главный смысл этой поговорки в том, что работа важнее отдыха. Делу, работе нужно уделять больше времени, чем «потехе», то есть отдыху и развлечениям. Вместе с тем, эта поговорка иногда имеет и другой смысл: работа важна, но и отдых тоже важен, поэтому человек должен правильно планировать своё время, чтобы у него была возможность и много работать, и хорошо отдыхать.

1. Некоторые до сих пор считают осень не самым лучшим временем года, но работники сектора культуры и досуга деревни Сосновка решили изменить мнение односельчан. Закончились уже напряжённые летние и осенние работы, собран урожай. Настало время немного отдохнуть. Как говориться, делу — время, а потехе — час, и для сельских жителей такой час настаёт именно осенью, после сбора урожая.

   26 октября для жителей Сосновки был организован вечер отдыха. На вечере работники культуры веселили всех присутствующих интересными кон-

курсами, играми и танцами. Зрители покидали зал с чудесным настроением и благодарили организаторов мероприятия за хорошо проведённое время.

단어 TIP!

не са́мый лу́чший 별로 좋지 않은(최고가 아닌) | се́ктор культу́ры и досу́га 문화/여가활동 부서 | односельча́не 같은 마을 사람 | организа́торы мероприя́тия 행사 주최자

2. Ничто так не давит на человека, как потерянное время, и нереализованные из-за этого возможности. Окружающие чем-то заняты, куда-то спешат, что-то успевают, а вы стоите на месте, и с вами ничего не происходит. Вы оправдываете себя тем, что вам надо расслабиться и отдохнуть, но помните: делу — время, а потехе — час. Отдых должен быть наградой, а не образом жизни. Ничегонеделание утомляет еще больше, чем серьёзная работа. Человек по природе своей должен быть активным, куда-то стремиться, чего-то хотеть. Поэтому главный совет, как стать счастливым человеком — ищите интересное дело, реализуйте себя и развивайтесь.

단어 TIP!

поте́рянное вре́мя 잃어버린 시간 | нереализо́ванные возмо́жности 실현하지 못한 기회, 놓친 기회 | опра́вдывать себя́ 스스로 핑계대다 | реализова́ть себя́ 원하는 바를 실현하다 | о́браз жи́зни 생활방식 | утомля́ть/утоми́ть 피곤, 실증나게 하다 | дави́ть 압박하다

출처: rck.by
www.segodnya.ua

Урок 2. Переписка об условиях сотрудничества.

Важные выражения
주요 표현

1. Чтобы составить коммерческое предложение, нам необходимо знать объёмы поставок.

2. Какой вы планируете годовой объём поставок?

3. Наш новый товар соответствует этой спецификации.

4. Это продукция с улучшенными характеристиками.

5. Этот товар аналогичен продукции другой компании.

6. В ответ на Ваш запрос прошу прислать нам коммерческое предложение.

7. Наш продукт имеет ряд технических преимуществ.

8. Мы предоставляем сертификат соответствия и гарантию на 5 лет.

9. Благодарю Вас за информацию!

10. Надеемся на долгосрочное и взаимовыгодное сотрудничество!

11. Мы хотели бы сделать выгодное для вас предложение, включая наш новый продукт с улучшен-

ными характеристиками.

12. Позвольте коротко рассказать о нашей компании.

13. Строительство завода стало для нас значимым событием.

14. Сейчас у нас три основных направления бизнеса.

15. Сотрудничество с вами стало для нас шагом к успеху.

16. Я горжусь тем, что в успехе нашей компании есть и мой скромный вклад.

УРОК 3

출장 일정 잡기

Переговоры о визите в Россию

제 3과. 출장 일정 잡기

Письмо
편지

Руководство нашей компании проявило большой интерес

Step 1

Ким Минсу пишет письмо директору ООО «Автопром» по международным связям с предложением визита делегации представителей компании в Москву.

Корпорáция «ABC»
Респу́блика Коре́я
г. Сеу́л,
Каннам-гу, Тегеран-ро, 665
Тел: +82-2-333-45-67
Е-мейл: sales@abc.com

Дире́ктору по междунаро́дным свя́зям
ООО «Автопро́м»
С. А. Петро́ву

Те́ма: Визи́т делегации представителей корейской корпорации ABC.

24 мая 2019 г.

Уважа́емый Серге́й Анато́льевич!

Спешу́ сообщи́ть Вам о том, что руково́дство на́шей

корпора́ции прояви́ло большо́й интере́с к сотру́дничеству с ООО «Автопро́м». Росси́йское направле́ние явля́ется одни́м из приорите́тных в на́ших пла́нах, поэ́тому мы хоте́ли бы обсуди́ть не то́лько поста́вки на́шей проду́кции, но и осуществле́ние бо́лее масшта́бных прое́ктов в РФ, включа́я инвести́ции и возмо́жное строи́тельство заво́да ЛКМ в европе́йской ча́сти Росси́и совме́стно с росси́йскими партнёрами.

Делега́ция корпора́ции «ABC» могла́ бы прибы́ть в Росси́ю в ближа́йшее вре́мя для обсужде́ния э́тих и други́х вопро́сов с представи́телями ООО «Автопро́м». По на́шему мне́нию, поле́зно бы́ло бы привле́чь к уча́стию в э́тих перегово́рах та́кже представи́телей Торго́во-промы́шленной пала́ты Росси́и и посо́льства Респу́блики Коре́я в РФ.

Наде́юсь, Вас заинтересу́ет на́ше предложе́ние.

С уваже́нием,
ста́рший ме́неджер по зарубе́жным поста́вкам,
Ким Минсу́

Но́вые слова́

■ прояви́ть интере́с   к чему́   ~에 관심을 보이다

- осуществле́ние прое́ктов   프로젝트 구현

- заво́д ЛКМ   도료 공장
  = заво́д ла́кокра́сочных материа́лов

- делега́ция   대표단

- Торго́во-промы́шленная пала́та (ТПП)   상공회의소

- посо́льство Респу́блики Коре́я в Росси́йской Федера́ции
                                    주러 대한민국 대사관
  посо́льство Росси́йской Федера́ции в Респу́блике Коре́я
                                    주한 러시아연방 대사관

Step 3  Упражнения

1. Соста́вьте предложе́ния по образцу́, испо́льзуя подходя́щие падежи́ и предло́ги.

Приме́р:
- Заяви́ть об отка́зе   ▫ заку́пка това́ра
→ Компа́ния партнёров заяви́ла об отка́зе в заку́пке това́ра.

| 1. | • Прояви́ть интере́с *к чему́*
• Заинтересова́ться *чем* | ▫ уча́стие в мероприя́тии |

• Выразить сомнение *в чём* • Заявить об отказе *в чём*	▫ взаимовыгодное сотрудничество ▫ поставки продукции ▫ реализация проектов ▫ инвестиции в строительство завода

2. Составьте предложения с использованием конструкции «не только А, но и Б» и следующих выражений в правильной форме.

Пример:
- не только закупка продукции   ▫ но и поставка оборудования
→ Нас интересует не только закупка продукции вашей компании, но и поставка оборудования.

1.	не только	но и
	• закупка продукции • поставка материалов • сотрудничество • визит делегации • организация встречи	▫ осуществление проектов ▫ визит в посольство ▫ закупка оборудования ▫ экскурсионная программа ▫ поставка оборудования

Step 4

Задание

Напишите письмо вашим деловым партнёрам с предложением посетить их предприятие. Опишите, какие вопросы вы хотели бы обсудить при встрече.

Урок 3. Переговоры о визите в Россию

Письмо
편지

Мы с удовольствием примем делегацию вашей компании

Step 1

Директор ООО «Автопром» по международным связям отвечает согласием на запрос корпорации «ABC» и предлагает сроки визита.

03-03

ООО «Автопро́м»	Нача́льнику отде́ла
Росси́йская Федера́ция,	зарубе́жных поста́вок
г. Москва́, Проспе́кт Ми́ра, 250	корпора́ции «ABC»,
Тел: +7-95-555-66-77	Ким Минсу́
Е-мейл: international@avtoprom.ru	

Те́ма: Визи́т делега́ции представи́телей коре́йской корпора́ции ABC.

25 мая 2019 г.

Уважа́емый г-н Ким Минсу́!

В отве́т на Ва́ше письмо́ от 24 ма́я сообща́ю, что руково́дство ООО «Автопро́м» с удово́льствием при́мет делега́цию «ABC» для обсужде́ния упомя́нутых

Вами вопросов.

Просим представителей корпорации посетить наш завод во второй половине июня или в первой половине июля сего года для ознакомления с деятельностью предприятия и образцами продукции, а также для обсуждения вопросов дальнейшего углубления и совершенствования нашего делового сотрудничества. Кроме того, мы готовы организовать участие в переговорах представителей Торгово-промышленной палаты России. Все расходы по размещению и трансферу вашей делегации, а также по культурной программе визита мы возьмём на себя.

Просим подтвердить свой приезд в упомянутые выше сроки, если они вас устраивают. Будем искренне рады встретиться с вами в Москве.

С уважением,
директор по международным связям,
С. А. Петров

Новые слова

■ принять делегацию	대표단을 맞이하다
■ сего года	올해의

- углубле́ние   몰입, 심화

- соверше́нствование   개선, 완성

- размеще́ние   배치, 배분

- трансфе́р   이송, 이전, 운반

- упомина́ть/упомяну́ть   상기시키다, 언급하다

  例) упомя́нутый вы́ше 상기의

- брать/взять на себя
  ~ сме́лость   감당하다
  ~ отве́тственность   책임을 지다

Step 3  Упражнения

3. Составьте предложения, используя следующие выражения в правильной форме и предлоги.

Пример:
- Приглашаем Вас ознакомиться
□ деятельность компании
→ Приглашаем Вас ознакомиться с деятельностью компании.

1.	• Приглашаем Вас ознакомиться	▫ деятельность предприятия
		▫ образцы продукции
		▫ новые изделия
		▫ экскурсионная программа
		▫ передовой опыт

4. Составьте предложения по формуле «Все расходы на А берёт на себя Б», используя следующие выражения в правильной форме.

Пример:
   Все расходы   • размещение делегации
   ▫ берёт на себя   ▫ посольство
   → Все расходы на размещение делегации берёт на себя посольство Республики Корея.

1.	**Все расходы** *на что*	**берёт на себя** *кто*
	• делегации	▫ принимающая сторона
	• сотрудников	▫ приезжающая сторона
	• гостей	▫ посольство
	• организация поездки	▫ компания

Урок 3. Переговоры о визите в Россию

Step 4

Задание

Напишите письмо вашим деловым партнёрам с согласием принять их делегацию. Расскажите, какие мероприятия вы планируете организовать во время их визита. Сообщите им желательные для вас сроки визита.

제 3과. 출장 일정 잡기

Письмо
편지

Разрешите выразить сердечную признательность

Step 1

Ким Минсу благодарит С. А. Петрова за согласие принять делегацию, сообщает о дате прилёта, просит забронировать места в гостинице и встретить в аэропорту.

Корпора́ция «ABC»
Респу́блика Коре́я
 г. Сеу́л,
 Каннам-гу, Тегеран-ро, 665
 Тел: +82-2-333-45-67
 Е-мейл: sales@abc.com

Дире́ктору по междунаро́дным свя́зям
 ООО «Автопро́м»
 С. А. Петро́ву

Те́ма: Визи́т делега́ции представи́телей коре́йской корпора́ции «ABC».

26 мая 2019 г.

Уважа́емый Серге́й Анато́льевич!

Пре́жде всего́, от лица́ президе́нта корпора́ции

«ABC» разреши́те вы́разить серде́чную призна́тельность руково́дству ООО «Автопро́м» за любе́зное согла́сие приня́ть на́шу делега́цию. Уве́рен, что предстоя́щая встре́ча ста́нет уника́льной возмо́жностью для установле́ния широкомасшта́бного взаимовы́годного сотру́дничества ме́жду корпора́цией «ABC» и ООО «Автопро́м».

Сообща́ю, что в соста́в на́шей делега́ции войду́т 7 челове́к во главе́ с генера́льным дире́ктором г-ном Чон Ёнго́ном. Прошу́ заброни́ровать места́ в гости́нице на пери́од с 29 ию́ня по 4 ию́ля, а та́кже встре́тить на́шу делега́цию в аэропорту́ Шереме́тьево 29 ию́ня. Рейс авиакомпа́нии Korean Air но́мер SU 923, прибы́тие в 16:50 по моско́вскому вре́мени.

С уваже́нием,
ста́рший ме́неджер по зарубе́жным поста́вкам,
Ким Минсу́

Но́вые слова́

■ от лица́	кого́	~를 대신하여
■ вы́разить серде́чную призна́тельность	кому́/за что	~에게 ~에 대하여 진심의 사의를 표하다

■ любе́зный		친절한, 정중한
■ предстоя́щий		다가 오는, 임박해 있는
■ уника́льный		유일한, 희귀한, 독특한
■ широкомасшта́бный		규모가 큰
■ войти́ в соста́в	чего	~에 포함되다
■ во главе́	с кем	~를 필두로
■ заброни́ровать		예약하다, 예매하다

Step 3 — Упражнения

5. Составьте предложения, используя следующие выражения в правильной форме и предлоги, где это необходимо.

Пример:
- Разрешите выразить
  ▫ глубокая благодарность
  ▫ взаимовыгодное сотрудничество
→ Разрешите выразить глубокую благодарность за взаимовыгодное сотрудничество.

1.
- Разрешите выразить *что*
- Позвольте выразить *что*
- Хотим выразить *что*
- От имени руководства выражаем *что*

▫ глубокая благодарность	▫ взаимовыгодное сотрудничество
▫ сердечная признательность	▫ согласие принять делегацию
▫ слова благодарности	▫ радушный приём
▫ искренняя благодарность	▫ прекрасная организация встречи

Step 4

Задание

Поблагодарите ваших партнёров за согласие принять вас. Опишите, на какие результаты встречи вы надеетесь. Сообщите им о составе вашей делегации, сроках пребывания, дате и времени прибытия.

Урок 3. Переговоры о визите в Россию

Чтение
독해

Основатель группы компаний «Хёндэ» Чон Чжуён (1915–2001)

Step 1 Текст

Основатель группы компаний «Хёндэ» Чон Чжуён родился в 1915 году на территории нынешней Северной Кореи — в провинции Канвондо, в бедной крестьянской семье.

Нелёгкое материальное положение семьи тяготило Чона, и в юности он не раз убегал из дома, чтобы попытаться самостоятельно заработать на жизнь. Он работал на стройке, пробовал учиться на бухгалтера, был портовым грузчиком в Инчхоне, разнорабочим на заводе, доставщиком. В возрасте 22 лет сумел стать хозяином рисовой лавки в Сеуле, потом основал автомастерскую.

В юности он много работал на действительно тяжёлых работах, но, как говорится, терпение и труд всё перетрут. Его усилия увенчались успехом после обретения Кореей независимости. В 1946 году он выбрал удачное направление для бизнеса: основал строительную компанию «Хёндэ». После Корейской войны 1950–1953 годов услуги компании оказались востребованы, она получила и успешно выполнила целый ряд крупных государственных заказов. Среди них возведение плотины на реке Соянган, прокладка скоростного шоссе Сеул–Пусан, ставшего важнейшей транспортной артерией страны, строительство крупнейшей в мире судоверфи в Ульсане и атомной электростанции Кори.

Предпринимательская деятельность Чон Чжуёна достигла мировых масштабов, когда в конце 1970-х годов «Хёндэ» получила крупные строительные подряды на Ближнем Востоке. В частности, контракт с правительством Саудовской Аравии на строительство порта в Эль-Джубайле стал не только личным успехом Чона, но и финансовым облегчением для корейского правительства, которое в то время находилось на грани дефолта.

Одновременно происходила диверсификация бизнеса «Хёндэ». Входящие в его промышленную группу компании стали лидерами в самых разных отраслях — от судостроения и автомобильной промышленности до химии и электроники. Так, компания «Хёндэ мотор», созданная в 1967 году, выпустила свой первый автомобиль в 1975 году, а теперь, после слияния с «КИА моторс», входит в первую пятёрку крупнейших мировых автопроизводителей.

Чон Чжуён знаменит не только своими деловыми успехами, но и активным участием в благотворительности. В 1977 году он создал Фонд «Асан», вложив в него 50% своих личных акций компании «Хёндэ энжиниринг энд Констракшн». Фонд занимается строительством первоклассных больниц, поддержкой научных исследований, оплачивает обучение талантливых студентов.

Велика роль Чон Чжуёна и в организации летних Олимпийских игр в Сеуле в 1988 году. Во многом благодаря его личному авторитету Южная Корея получила право на проведение этих соревнований. Считается, что проведение Олимпиады стало одним из важнейших событий в послевоенной истории Кореи и принесло стране огромные экономические и политические дивиденды.

Однажды, когда юный Чон Чжуён в очередной раз убежал из дома, он без разрешения продал корову отца. Всю жизнь он помнил об этом своём поступке и в 1998 году «вернул долг», отправив в Северную Корею 1001 корову. Кроме того, он стал инициатором и организатором туристических поездок южнокорейцев в северокорейские горы Кымгансан. Таким образом он внёс вклад в примирение Юга и Севера и будущее объединение страны.

Целеустремленность, трудолюбие и честность были главными чертами Чон Чжуёна. Они и легли в основу как его личного успеха, так и выдающихся достижений группы компаний «Хёндэ».

단어 TIP!

материа́льное положе́ние 재정 상태 | тяготи́ть ~에게 부담을 주다 | разнорабо́чий 심부름꾼 | автомастерска́я 자동차 정비소 | Терпе́ние и труд всё перетру́т. (속담) 낙숫물이 바위를 뚫는다. | увенча́ться успе́хом 유종의 미를 이루다(거두다) | востре́бованный 수요가 있다 | получи́ть строи́тельный подря́д 건설 공사 수주하다 | плоти́на 댐 | скоростно́е шоссе́ 고속도로 | тра́нспортная арте́рия 간선도로 | судове́рфь 조선소 | предпринима́тельская де́ятельность 사업 활동 | дефо́лт 채무 불이행 | на гра́ни чего 벼랑 끝에 | диверсифика́ция 다각화 | слия́ние с чем 병합, 상합, 합병 | благотвори́тельность 자선 활동 | дивиде́нды 배당금, 특혜 | в очередно́й раз 한번 더 | внести́ вклад во что 기여하다, 공헌을 하다

Step 2  Упражнения

6. Отметьте правильные ответы на вопросы галочкой (✓).

1. Почему Чон Чжуён в юности часто убегал из дома?
1) Потому что его тяготило тяжёлое материальное положение. ( )
2) Потому что он работал на стройке. ( )
3) Потому что он был хозяином рисовой лавки. ( )

2. Какая стройка не была связана с ростом компании «Хёндэ»?
1) прокладка скоростного шоссе Сеул–Пусан ( )
2) возведение плотины на реке Ханган ( )
3) строительство судоверфи в Ульсане ( )

3. Чем занимается фонд «Асан»?
1) строительством первоклассных университетов ( )
2) обучением талантливых руководителей ( )
3) поддержкой научных исследований ( )

Задание

Step 3

Составьте рассказ об известном человеке, которого вы уважаете. Включите в ваш рассказ информацию о том, какие у него были трудности, как он пришёл к успеху и каковы его основные достижения. Как вы думаете, благодаря каким качествам характера этот человек добился успеха?

Отдохнём! (Пословицы)
쉬어갑시다!

Терпение и труд всё перетрут.
낙숫물이 바위를 뚫는다. (참을성과 꾸준함이 모든 난관을 극복한다.)

Смысл данной пословицы заключается в том, что терпение и настойчивость в работе победят все препятствия. Эту пословицу часто используют, чтобы подбодрить человека, у которого впереди трудная работа, а также, говоря об успехах, которые стали результатом упорного труда.

1. Министр иностранных дел РФ Лавров отметил, что к российской стороне стали больше прислушиваться на Мюнхенской конференции, поскольку «терпение и труд все перетрут». Под последним имелась в виду неоднократно озвученная позиция РФ с призывом к соблюдению норм международного права и положений ООН, с постоянным подчеркиванием необходимости решать все проблемы между странами путём переговоров, а не вмешиваться во внутренние дела других государств.

> **단어 TIP!**
>
> прислу́шиваться к кому ~의 의견에 귀를 기울이다, 경청하다 | озву́ченный 알리다, 말하다, 유효화 하다 | пози́ция 입장 | путём чего ~방법으로, ~방식으로 | вну́тренние дела́ 내정, 내무 | вме́шиваться 간섭하다

2. «Я думаю, вряд ли есть какое-то заветное слово-ключик. Надо верить в свои силы. Мама мне всегда говорила, что терпение и труд всё перетрут. Достаточно банальная пословица, но я могу сказать по своему опыту, что очень много талантливых детей, в силу каких-то амбиций, обстоятельств, в силу человеческой лени завершали карьеру. И им казалось, что их будут все уговаривать, за ними бегать, без них мир фигурного катания не состоится. Но о них все забыли», — рассказал призёр Олимпиады Илья Авербух.

단어 TIP!

заве́тный 숨겨진, 비밀의 | бана́льный 시시한, 평범한 | тала́нтливый 재능(재주, 재간) 있는 | амби́ция 공명심, 욕망 | в си́лу чего ~라는 사실 때문에 | призёр 수상자

출처: rg.ru
sputnik.by

Важные выражения
주요 표현

1. Руково́дство на́шей компа́нии прояви́ло большо́й интере́с к сотру́дничеству с ва́ми.

2. Росси́йское направле́ние — одно́ из приорите́тных для нас.

3. Мы бы хоте́ли обсуди́ть не то́лько поста́вки на́шей проду́кции, но и инвести́ции.

4. Бы́ло бы поле́зно привле́чь к уча́стию в перегово́рах представи́телей посо́льства.

5. Наде́юсь, вас заинтересу́ет на́ше предложе́ние.

6. Мы с удово́льствием при́мем делега́цию ва́шей компа́нии для обсужде́ния сотру́дничества.

7. Про́сим посети́ть наш заво́д для ознакомле́ния с де́ятельностью на́шей компа́нии.

8. Бу́дем ра́ды встре́титься с ва́ми для обсужде́ния дальне́йшего углубле́ния и совершенствования на́шего сотру́дничества.

9. Все расхо́ды по размеще́нию и трансфе́ру ва́шей делега́ции мы возьмём на себя́.

10. Про́сим подтверди́ть ваш прие́зд в упомя́нутые

сро́ки.

11. Разреши́те вы́разить серде́чную призна́тельность от лица́ президе́нта на́шей компа́нии.

12. Кто войдёт в соста́в ва́шей делега́ции?

13. В соста́в на́шей делега́ции во главе́ с генера́льным дире́ктором войду́т пять челове́к.

14. Прошу́ заброни́ровать для нас места́ в гости́нице на пери́од с пе́рвого по тре́тье ию́ня.

15. Прибы́тие на́шего ре́йса в 16:50 по моско́вскому вре́мени.

16. Предстоя́щая встре́ча ста́нет уника́льной возмо́жностью для установле́ния широкомасшта́бного взаимовы́годного сотру́дничества.

УРОК 4

공항 마중 나가기
Встреча в аэропорту

제 4과. 공항 마중 나가기

Диалог
기본대화

Позвольте мне познакомить вас с программой на сегодня

Step 1

04-01

Директор по международным связям ООО «Автопром» Сергей Анатольевич Петров встречает в аэропорту группу сотрудников компании «ABC» и обсуждает с ними программу их визита на сегодня.

С. А. Петров:	Добрый день! Если не ошибаюсь, вы — господин Ким из компании «ABC»?
Ким Минсу:	Да. Здравствуйте.
С. А. Петров:	Добро пожаловать в Россию! Разрешите представиться, меня зовут Сергей Анатольевич Петров, я директор по международным связям компании «Автопром».
Ким Минсу:	Очень приятно.
С. А. Петров:	Познакомьтесь, пожалуйста, с моими коллегами — директор по закупкам Ирина Васильевна Зайцева и мой помощник Михаил Науменко.
И. В. Зайцева:	Очень приятно.

М. Науменко:	Очень прия́тно.
С. А. Петров:	Господи́н Ким, позво́льте мне ознако́мить вас с програ́ммой на сего́дня. Сейча́с мы прое́дем в гости́ницу «Метропо́ль», где мы размести́м ва́шу делега́цию. В час три́дцать — встре́ча с генера́льным дире́ктором на́шей компа́нии Юрием Алекса́ндровичем Хо́лодовым и чле́нами сове́та директоро́в. По́сле встре́чи, в три часа́ мы заплани́ровали экску́рсию на заво́д «Автопро́м». Это веду́щее предприя́тие автомобилестрои́тельной о́трасли.
Ким Минсу:	Ну что же, хорошо́, спаси́бо. Скажи́те, а ско́лько вре́мени займёт экску́рсия на заво́д?
С. А. Петров:	Приме́рно два часа́.
Ким Минсу:	Отли́чно.
С. А. Петров:	Ну что же, а тепе́рь, е́сли у вас нет вопро́сов, прошу́ сади́ться в маши́ну. Мы е́дем в гости́ницу.

제 4과. 공항 마중 나가기

A Новые слова

- дире́ктор по междунаро́дным свя́зям 국제 협력 실장

- автомобилестрое́ние 자동차 제조업
  автомобилестрои́тельный 자동차 제조의

- колле́га (муж. и жен.) 동료
  예) мой колле́га по рабо́те 나의 직장동료 (남성)

- помо́щник 보좌관

- о́трасль (промы́шленности) 부문(산업 부문)
  отраслево́й 부문의

- предприя́тие 기업

- заво́д 공장
  экску́рсия на заво́д 공장 견학(투어)
- разреша́ть/разреши́ть кому что 허락하다, 허가하다, 인가하다
  (문제를) 해결하다
  (의혹, 곤란을) 풀다
  разреше́ние 허가, 인가
  해결
  на что 허가증

- позволя́ть/позво́лить что кому/чему 허락하다, 허가하다
  (자신에 대해) 허용하다

позвольте ~하게 하여주십시오

- **проси́ть/попроси́ть** *кого-чего, о ком-чём* 요청하다, 부탁하다, 구하다
  초청하다, 초대하다

  > 예) Прошу́! 부탁합니다!
  > Прошу́ по́мощи. 도움을 부탁합니다.
  > Прошу́ проще́ния(извине́ния). 실례합니다.

- **представля́ть/предста́вить** 제출하다, 제시하다
  кому 소개하다
  к чему 추천하다
  대표하다
  представитель 대표자
  представля́ться/предста́виться *кому* 자기를 소개하다
  кем/чем ~인 체 하다, 가장하다
  생각되다, 마음에 떠오르다
  나타나다, 출현하다, 생기다

  > 예) представля́ется возмо́жным 가능하다고 생각되다

- **знако́мить/познако́мить** *кого с кем/чем* (사람이나 사물을) 소개하다
  знако́миться/познако́миться *с кем/чем* 아는 사이가 되다, 가깝게 되다

- **размеща́ть/размести́ть** 사방에 두다, 배치하다
  할당하다
  размести́ть *кого* **в гости́нице** 호텔에 묵게 하다

  > 예) размеще́ние противораке́тного ко́мплекса THAAD на Коре́йском полуо́строве 한반도 THAAD 배치

- прису́тствовать   출석, 배석, 참석하다
  = уча́ствовать
  = принима́ть/приня́ть уча́стие

- приглаша́ть/пригласи́ть *на что/к кому*   초대하다, 초빙하다
  пригласи́ть на обед   오찬에 초대하다

  예) Я хочу́ пригласи́ть его́ к себе́ в го́сти.
  그 사람을 우리집으로 초대하고 싶다.

- сади́ться/сесть   앉다, 타다, 정착하다

  예) Сади́тесь! 앉으십시오!

  сади́ться в авто́бус   버스를 타다
  сесть в тюрьму́   투옥되다

Step 3  Упражнения

1. Составьте предложения, используя, если необходимо, соответствующие падежи и предлоги.

Пример:
- Я бы хотел представить вам   ▫ члены нашей делегации
→ Я бы хотел представить вам членов нашей делегации.

| 1. | • Я бы хотел представить вам | ▫ президент нашей компании |

	• Разрешите представить вам • Позвольте представить вам	▫ министр энергетики ▫ заместитель директора завода ▫ члены совета директоров
2.	• Я хочу познакомить вас • Я хотел бы познакомить вас • Познакомьтесь, пожалуйста,	▫ мой/свой заместитель ▫ директор департамента международных связей ▫ мои коллеги ▫ моя жена ▫ мой отец ▫ мой дядя
3.	• Мы присутствовали • Президент присутствовал • Делегация присутствовала	▫ встреча с министром ▫ обед в Кремле ▫ спектакль в Большом театре
4.	• Партнёры участвовали • Россияне приняли участие	▫ переговоры по закупке нефти ▫ обсуждение совместного проекта

5.	• Россияне пригласили группу • Нас пригласили	▫ Большой театр ▫ официальная встреча ▫ Кремль
	• Мы были приглашены • Я получил приглашение • Нам прислали приглашение	▫ ресторан «Тройка» ▫ Государственный Кремлёвский дворец ▫ ужин с президентом
6.	• Наша компания планирует • Совет директоров собирается • Мы надеемся • Мы считаем, что выгодно • Компания «Хёндэ» решила	▫ открыть три филиала в России ▫ обсудить этот проект ▫ покупать нефтепродукты в России ▫ вести торговлю с Россией ▫ увеличить производство автомобилей

단어 TIP!

совéт директорóв 이사회 | предмéт обсуждéния 의제 | закупáть/закупи́ть (대량으로, 도매로) 사들이다. 매점하다. (저장을 위해) 사들이다

Step 4

Задание

Вы прилетели в Россию для деловых переговоров. Распределите между собой роли и составьте диалог, аналогичный Диалогу 1.

Диалог
기본대화

Как мы можем доехать до города?

Step 1

Корейская делегация прибыла в аэропорт, но её никто не встретил. Глава делегации разговаривает с работником аэропорта и спрашивает, как добраться до гостиницы.

Ким Минсу: Извините, пожалуйста, мы — группа бизнесменов из Кореи. Нас должны были встречать представители компании «Автопром», но, кажется, их нет. Вы случайно ничего не знаете? Может быть, они звонили?

Работник: Минуточку, сейчас проверю... Вы знаете, к сожалению, у нас нет никаких сообщений для вас.

Ким Минсу: Как же так? Что же нам делать? Скажите, а как мы можем доехать до города?

Работник: Можно на автобусе, но это очень долго. Лучше всего взять такси.

Ким Минсу: А где стоянка такси?

Урок 4. Встреча в аэропорту

Работник:	Идите прямо по этому коридору до главного входа, выйдите на улицу, и стоянка такси будет прямо у входа.
Ким Минсу:	Спасибо.

А Новые слова

■ случай		경우, 기회, 우연
в случае	чего	~의 경우에는
в крайнем случае		극단적인 경우에는
в случае необходимости		필요할 경우에는

■ к сожалению		유감스럽지만
сожалеть	о ком/чём	유감스러워 하다, 후회하다
жалеть	кого	가볍게 여기다, 동정하다

| ■ доезжать/доехать | до чего | ~까지 타고 가다, 도착하다 |

| ■ взять такси | | 택시를 잡다 |

| ■ стоянка такси | | 택시 승강장 |
| остановка автобуса | | 버스 정류장 |

Step 3 Упражнения

2. Составьте предложения, используя, если необходимо, соответствующие падежи и предлоги.

Пример:
- Господин Ли представляет ▫ компания «Самсунг»
- ▫ Петербург
- → Господин Ли представляет компанию «Самсунг» в Петербурге.

1.	• Он — представитель • Господин Чон представляет интересы • Он — представитель интересов	▫ компания «Самсунг» ▫ Москва ▫ компания «Хёндэ» ▫ Россия ▫ компания «АВС» ▫ Сеул
2.	• Этот проект представляет большой интерес • Этот проект представляет (собой) угрозу • Этот проект представляет собой препятствие	▫ мы ▫ наша компания ▫ наше с вами сотрудничество

Step 4

Задание

Вы прилетели в аэропорт «Шереметьево», но ваши партнёры не смогли вас встретить. Поговорите с партнёром по телефону, чтобы решить проблему.

Диалог
기본대화

От вас можно позвонить в гостиницу?

Step 1

Корейская делегация всё ещё в аэропорту. Ким Минсу хочет позвонить в гостиницу и обращается за помощью к работнику аэропорта.

Ким Минсу:	Скажи́те, пожа́луйста, от вас мо́жно позвони́ть в гости́ницу? Я ещё не получи́л сим-ка́рту...
Рабо́тник:	Да, коне́чно. Вы зна́ете но́мер телефо́на?
Ким Минсу:	Че́стно говоря́, нет. У вас случа́йно нет телефо́нного спра́вочника?
Рабо́тник:	Нет, но но́мер гости́ницы легко́ найти́ в интерне́те. Дава́йте, я вам помогу́. Кака́я у вас гости́ница?
Ким Минсу:	«Метропо́ль».
Рабо́тник:	Ага́, вот. «Метропо́ль», ресе́пшен. 8-499-501-78-00.
Ким Минсу:	Спаси́бо большо́е.
Рабо́тник:	Пожалуйста.

Урок 4. Встреча в аэропорту

A Новые слова

■ звони́ть/позвони́ть	во что	(зво́н, ба́улы) ули́ди
	кому́	(зво́й) ули́ди, со́рига на́да
	куда́	전화를 걸다
звони́ть в ко́локол		종을 울리다
телефо́н звони́т		전화가 울린다
звони́ть по телефо́ну		전화를 걸다

■ сим-ка́рта   심카드

■ че́стно говоря́   솔직히 말하자면
(= че́стно сказа́ть, е́сли че́стно и
открове́нно, по пра́вде говоря́,
по со́вести говоря́, пра́вду говоря́)

■ случа́йно   우연히, 뜻밖에

■ телефо́нный спра́вочник   전화번호부

■ ресе́пшен   안내데스크, 리셉션

Step 3  Упражнения

3. Составьте предложения, используя, если необходимо, соответствующие падежи и предлоги.

Пример:
- У вас случайно нет   ◦ телефонный справочник
→ У вас случайно нет телефонного справочника?

1.	• У вас случайно нет	◦ свободное время ◦ информация об этой фирме ◦ данные о нём ◦ ручка
2.	• От вас можно	◦ позвонить в полицию
	• У вас можно	◦ купить сим-карту ◦ получить информацию

Step 4

Задание

У вас скоро будет деловая встреча в гостинице "Золотое кольцо", но, к сожалению, вы заблудились на Арбате. У вас нет телефона. Как вы можете решить эту проблему? Составьте диалог с прохожим.

제 4과. 공항 마중 나가기

Чтение
독해

Интервью с Германом Ханом, крупным акционером «Альфа-Групп»

Step 1 Текст

— **Какая пропорция сейчас у «Альфа-Групп» между российскими и иностранными активами? Кажется, что российский рынок вас интересует всё меньше...**

Мы не думаем о пропорциях, у нас оппортунистический подход: если видим интересные возможности, стараемся их реализовывать. Сегодня возможности на российском рынке невелики, а нам как инвесторам хочется развиваться. Мы считаем, что в России мы сделали уже много интересных инвестиций, и нам хотелось бы попробовать себя за рубежом.

— **Вы не только российский, но и международный инвестор, и вы попали в знаменитый «кремлёвский список» в числе других известных российских бизнесменов. Санкции осложнили для вас взаимоотношения с зарубежными партнерами?**

Безусловно, мы испытываем ряд сложностей. Не секрет, например, что из-за санкций мы были вынуждены продать свои британские активы в нефтегазовом сегменте. Но не так страшен чёрт, как его малюют. Мы продолжаем работать.

— **Не кажется ли вам, что сейчас идёт очередное изменение правил игры между государством и бизнесом? Бизнесмены из самых разных отраслей говорят о том, что места для бизнеса в России сейчас всё меньше и меньше.**

Мне кажется, его меньше в первую очередь по причине существенного оттока западных инвестиций. Тенденция усиления роли государства — это естественная защитная реакция на санкции, которые влияют на экономику. В банковском сегменте отношение к этому двоякое. С одной стороны, с рынка убираются недобросовестные банки, и их клиенты пытаются построить новые взаимоотношения с другими банковскими учреждениями, в том числе и с Альфа-Банком, у нас становится больше клиентов. С другой стороны, безусловно, в целом тенденция для нас как для частных инвесторов выглядит не самым лучшим образом. Я сторонник частного предпринимательства и считаю, что чем меньше государство влияет на бизнес, тем у него больше возможности получать от бизнеса определенные положительные вещи в виде налогов, развития экономики в целом.

— **Альфа-Банк останется частным?**

Ну, он сейчас частный, да.

— **А дальше?**

Что будет дальше, сложно сказать. Банк развивается, есть планы, достаточно много различных идей, направлений, в которых нужно и можно двигаться. В наши планы точно не входит его трансформация в государственную структуру.

— **Состоится ли объединение активов вашей нефтегазовой компании DEA с Wintershall, принадлежащей BASF?**
Да. В нефтегазовом бизнесе ценятся большие игроки, которые имеют большую устойчивость с точки зрения влияния, конъюнктуры и способности решить какие-то геологические проблемы, с которыми компания может сталкиваться на том или ином месторождении. У большого игрока существенно больше возможностей по развитию, по выходу в новые регионы. Нефтегазовый бизнес достаточно политизирован, это всегда какая-то связь с государством, это лицензии, это конкурсы, это взаимодействие с крупными нефтегазовыми компаниями. Поэтому данная сделка позволит нам позиционировать себя и компанию Wintershall DEA как большого международного игрока.

— **Можно ли выделить сейчас три отрасли, к которым есть интерес с точки зрения потенциальных инвестиций?**
У нас нет отраслей. Наша стратегия заключается в том, чтобы заниматься сделками в называемых специальных ситуациях. И они могут быть в разных отраслях. У нас инвестиционная компания, цель которой покупать активы с дисконтом, фундаментально повышать качество таких активов, привлекать хороших менеджеров,

формировать новую систему управления, за счет этого создавать дополнительное value и продавать.

— **В принципе рынок технологий вам интересен? У вас были сделки на нём — вы, например, заходили в Uber.**
Чтобы заниматься инвестициями в высокотехнологические компании, надо в этом глубоко разбираться. Если говорить лично обо мне — я в этом ничего не понимаю, поэтому для меня инвестиции в традиционные отрасли гораздо более понятны и комфортны.

— **То есть биткоины не покупали?**
Не покупали.

— **А в технологию блокчейн верите?**
Я плохо понимаю, что это такое.

— **Насколько долгосрочна тенденция к цифровизации? В правительстве создано цифровое министерство. Это всё во благо?**
Я считаю, что это, безусловно, фундаментально меняет целые отрасли и повышает эффективность, управляемость, экономит затраты. Но никто не знает, где граница и правильный баланс между традиционными отраслями, традиционными принципами ведения бизнеса и цифровыми технологиями.

— **Вы как инвестор видите угрозу в технологиях? Технологии как-то изменят подход к инвестированию?**
Они точно всё поменяют, но это не угроза, это благо, по-

тому что это повышает эффективность, это развивает отрасли, и это развивает нас. Нам это интересно, поэтому мы в это верим.

출처 : *rbc.ru*

> **단어 TIP!**
>
> инвести́ция 투자 | инвестицио́нный 투자의 | инве́стор 투자자 | инвести́ровать 투자하다 | пропо́рция 균형, 조화, 비례 | акти́вы 자산 | оппортунисти́ческий 기회주의적 | ры́нок 시장 | са́нкция 제재 | нефтега́зовый 석유가스의 | сегме́нт 구성요소 | Не так стра́шен чёрт, как его́ малю́ют. (속담) 악마가 생각만큼 끔찍하지는 않다. | отто́к/прито́к 배수/입수 | двоя́кий 이중의, 두가지의 | ча́стный 사적인 | конъюнкту́ра 시장 경기, 상황 | позициони́ровать 입지를 다지다 | диско́нт 할인 | эффекти́вность 효율, 능률 | цифрово́й, цифровиза́ция 디지털의/디지털화 | затра́ты 비용, 지출 | сто́имость 가격 | полномо́чия 전권, 권한 | компете́нция 권위, 권한, 전능, 통달 | капитализа́ция 자본화, 자본환원, 자본가치산출, 자본주의화

Step 2 ✓ **Упражнения**

4. Отметьте правильные утверждения галочкой (✓).

1. «Альфа-Групп»
   1) инвестирует только в России. ( )
   2) инвестирует как в России, так и за рубежом. ( )
   3) инвестирует только за рубежом. ( )

2. Герман Хан
   1) выступает за увеличение роли государства в экономике. ( )
   2) не поддерживает расширение участия государства в экономике. ( )

3. С точки зрения Германа Хана, для инвесторов цифровые технологии представляют собой
   1) угрозу. ( )
   2) благо. ( )

여기서 잠깐!

👤 러시아 기업가 랭킹 1~12위 🏆 (2019)

№	Имя	Компании	Сфера деятельности
1	Леонид Михельсон	Компания «Новатэк», холдинг «Сибур»	Добыча газа, нефтехимия
2	Владимир Лисин	Группа НЛМК, транспортные компании	Производство стали, транспорт
3	Вагит Алекперов	«Лукойл»	Добыча нефти
4	Алексей Мордашов	«Северсталь», «Силовые машины», Nordgold, TUI Group	Металлургия, магиностроение, добыча золота, туристический бизнес
5	Геннадий Тимченко	Volga Group	Инвестиции
6	Владимир Потанин	«Интеррос»	Цветная металлургия, инвестиции
7	Михаил Фридман	«Альфа-Групп»	Инвестиции
8	Андрей Мельниченко	Группа «Еврохим», СУЭК и др.	Удобрения, уголь и др.
9	Алишер Усманов	Холдинг «Металлоинвест»	Металлургия
10	Роман Абрамович	ЕВРАЗ	Инвестиции
11	Виктор Вексельберг	Группа «Ренова»	Инвестиции
12	Михаил Прохоров	Группа ОНЭКСИМ	Инвестиции

Отдохнём! (Пословицы)
쉬어갑시다!

Не так страшен чёрт, как его малюют.
악마가 생각만큼 끔찍하지는 않다.

«Малевать» здесь – изображать, представлять. Христианские художники обычно изображали чёрта (дьявола) страшным чудовищем, хотя они его ни разу не видели и не знали, как он выглядит. Выражение «не так страшен чёрт, как его малюют» используют в различных ситуациях, когда хотят сказать, что опасность на самом деле не так велика, как кажется, и что не стоит слишком волноваться.

1. «Трамп сначала бросает гранату в помещение, а потом смотрит, уцелело ли что-нибудь внутри», — говорит Торстен Беккер (Thorsten Becker) из консалтинговой компании JO Hambro. Но не так страшен чёрт, как его малюют. Трамп, по словам эксперта, стремится в первую очередь показать своему электорату, что выполняет предвыборные обещания. Однако выход из НАФТА (Североамериканское соглашение о свободной торговле) после семи раундов переговоров вскоре, похоже, будет снят с повестки

дня. Дискуссия о размере «заградительных» таможенных пошлин на сталь и алюминий тоже постепенно затихла.

> **단어 TIP!**
>
> граната 수류탄 | уцелеть 무사히 살아남다 | электорат 지지자 | повестка дня 의사일정, 의제 | заградительный 저지의, 차단의, 방어의 | таможенная пошлина 관세 | затихнуть 조용해지다, 잠잠해지다

2. «Аэрофлот» официально объявил о проблеме дефицита пилотов. Глава перевозчика Виталий Савельев говорит, что «пилоты гурьбой уходят в Азию и Китай, где заработная плата в полтора-два раза выше». В правительстве, в свою очередь, отрицают наличие проблемы дефицита кадров. «Не так страшен чёрт, как его малюют», — говорил в июне прошлого года министр транспорта Максим Соколов. По его словам, в России, с точки зрения подготовки лётного состава, «достаточно большой приём в ВУЗы» — около тысячи человек в год. «Этого, конечно, вполне достаточно, чтобы обеспечить растущие потребности нашего авиационного рынка», — добавил Соколов.

> **단어 TIP!**
>
> дефицит 부족 | гурьбой 떼를 지어, 한꺼번에 (гурьба 무리, 떼)

출처 : *inosmi.ru*
bfm.ru

Урок 4. Встреча в аэропорту

Важные выражения
주요 표현

1. Добро́ пожа́ловать в Росси́ю! Разреши́те предста́виться, я Ким Минсу́.

2. Познако́мьтесь, пожа́луйста, с мои́ми колле́гами.

3. Разреши́те ознако́мить вас с програ́ммой на сего́дня.

4. Разреши́те предста́вить вам чле́нов на́шей делега́ции.

5. Нас должны́ бы́ли встре́тить представи́тели компа́нии, но их нет.

6. Скажи́те, пожа́луйста, как мы мо́жем дое́хать до го́рода?

7. От вас мо́жно позвони́ть в гости́ницу?

8. У вас случа́йно нет но́мера телефо́на гости́ницы?

9. Мы стара́емся реализо́вывать интере́сные возмо́жности.

10. Мы испы́тываем ряд сло́жностей.

11. Мы бы́ли вы́нуждены прода́ть на́ши акти́вы в э́том сегме́нте.

12. В э́том сегме́нте наблюда́ется отто́к зарубе́жных инвести́ций.

13. Э́то не вхо́дит в на́ши пла́ны.

14. Э́та сде́лка позво́лит нам позициони́ровать себя́ как большо́го междунаро́дного игрока́.

15. Мы привлека́ем хоро́ших ме́неджеров и форми́руем но́вую систе́му управле́ния.

16. Техноло́гии повыша́ют эффекти́вность, развива́ют о́трасли и нас сами́х.

УРОК 5

만찬 테이블에서
Ужин. За столом

제 5과. 만찬 테이블에서

Диалог
기본대화

За нашу встречу и за успешное взаимовыгодное сотрудничество

Step 1

Гости из Кореи присутствуют на ужине, данном в их честь россиянами. Глава корейской делегации Ким Минсу беседует с генеральным директором ООО «Автопром» Ю. А. Холодовым.

Ю. А. Холодов:	Добро́ пожа́ловать в Москву́, господи́н Ким. Как вы долете́ли? Как устро́ились в гости́нице?
Ким Минсу:	Спаси́бо, хорошо́.
Ю. А. Холодов:	Мы о́чень ра́ды ва́шему визи́ту. Наде́юсь, он послу́жит разви́тию и укрепле́нию плодотво́рного сотру́дничества ме́жду на́шими фирмами.
Ким Минсу:	Нам то́же о́чень прия́тно быть в Москве́.
Ю. А. Холодов:	Вы, ка́жется, пе́рвый раз в Росси́и? Как вам здесь нра́вится?
Ким Минсу:	Ра́ньше я ча́сто быва́л в Росси́и. Наско́лько я успе́л заме́тить, Москва́ — о́чень

	краси́вый го́род, осо́бенно в нового́дние пра́здники. Кста́ти, в Москве́ о́чень мно́го вы́весок иностра́нных компа́ний.
Ю. А. Холодов:	Да, всё бо́льше и бо́льше иностра́нных фирм открыва́ют свои́ представи́тельства в Москве́. Мы расширя́ем деловы́е свя́зи с зарубе́жными стра́нами.
Ким Минсу:	Да, Росси́я бога́та приро́дными и интеллектуа́льными ресу́рсами. Я слы́шал, что в Росси́и ведётся мно́го совме́стных прое́ктов с ра́зными стра́нами.
Ю. А. Холодов:	Вы пра́вы. Росси́йское прави́тельство, как вы зна́ете, прово́дит поли́тику, напра́вленную на разви́тие Сиби́ри и Да́льнего Восто́ка. В э́том регио́не мы нужда́емся в передовы́х технологиях и иностра́нных инвести́циях. Поэ́тому мы о́чень заинтересо́ваны в разви́тии сотру́дничества с таки́ми промы́шленными гига́нтами, как корпора́ция «ABC».
Ким Минсу:	Мы, в свою́ о́чередь, то́же заинтересо́ваны в рабо́те с ва́ми. Мы хоте́ли бы обсуди́ть возмо́жность прода́жи на́ших това́ров, обме́на технологиями, а та́кже строи́тельства заво́да. То есть, мы откры́ты для ра́зного ро́да сотру́дничества.

Ю. А. Холодов: Ну, что же, будем надеяться, что наше сотрудничество будет развиваться на основе равенства и взаимной выгоды. Разрешите предложить тост: за нашу встречу и за успешное взаимовыгодное сотрудничество и дружбу между Россией и Южной Кореей!

Ким Минсу: Спасибо. За встречу!

Новые слова

■ долетать/долететь	*до чего*	1) ~까지 날아서 도착하다 2) (소리, 냄새 따위가) 전파되다, 도달하다
■ устраивать/устроить		설비하다, 만들다, 설립하다 거행하다, 개최하다, 행하다 (거처, 생활, 직장 등을) 안정시키다 (무인칭) 형편이 좋다, 더 할 나위 없다

예) Это меня вполне устроит. 이것은 나에게 꼭 맞는다.
Это меня не устраивает. 이것은 나에게 맞지 않는다.

■ устраиваться/устроиться	정리되다, 갖추어지다 (생활, 거처, 직업 등이) 안정되다

예) устро́иться в гости́нице 호텔에 거처를 잡다

- ра́доваться/обра́доваться   *кому/чему*   기뻐하다, 즐거워하다

- наде́яться   *на кого/что*   기대하다, 바라다, 희망하다
  выража́ть/вы́разить наде́жду   *на что*   기대하다
  возлага́ть/возложи́ть наде́жду   *на что*   기대를 걸다

- служи́ть   근무하다, 역할을 하다
                     кому   봉사하다, ~을 위해 일하다
                    чему на что   쓸모가 있다, 도움이 되다
  послужи́ть   *чем*   ~의 역을 하다, ~으로 되다

  예) служи́ть на по́льзу (во вред) 에게 이익이(해가) 되다.
  послужи́ть нача́лом 시작이 되다.
  послужи́ть приме́ром 본보기가 되다.
  Это послужи́ло причи́ной. 그것이 원인이었다.

- благодаря́   *чему*   ~의 덕분에, 때문에
  благодари́ть   *кого за что*   사의를 표하다, 감사하다
  = выража́ть(приноси́ть) благода́рность

- нра́виться/понра́виться   *кому*   마음에 들다, 뜻에 맞는다, 좋다

- успева́ть/успе́ть   *к чему/на что*   시간에 늦지 않게 되다
                                                   할 시간이 있다

- замеча́ть/заме́тить   눈치채다, 깨닫다

제 5과. 만찬 테이블에서

■ вы́веска	간판
■ открыва́ть/откры́ть представи́тельство	대표사무소를 개설하다
■ зарубе́жная страна́	외국
■ бога́тый *чем*	부유한, 돈 많은 풍부한, 풍요로운 훌륭한 부자(=бога́ч)
■ напра́вленная направля́ть/напра́вить	지향의, 방향의 방향을 주다, 향하게 하다, 보내다
■ нужда́ться *в ком/чём*	가난하다, 빈궁하다 부족하다, 필요하다
■ иностра́нные инвести́ции	외국인 투자
■ заинтересо́ванный *чем* *в чём* заинтересо́ванное лицо́	흥미를 느끼다, 관심을 가지다 이해관계를 갖다 관계자, 당사자
■ передова́я техноло́гия	선진 기술
■ промы́шленный гига́нт	대규모 산업체, 대기업

■ в свою́ о́чередь		이번에는 자기 쪽에서, 이번에는 거꾸로
■ обме́н	чем	교환, 교류
■ то есть(= т.е.)		즉, 다시 말하면 ~라기보다 오히려, 더 정확히 말하면
■ ра́зного ро́да(= разный)		다양한
■ на осно́ве на осно́ве ра́венства и взаи́мной вы́годы	чего	~을 기반으로, 기초하여 평등과 상호 이익을 기반으로
■ предлага́ть/предложи́ть тост		건배사를 제안하다
■ успе́шное взаимовы́годное сотру́дничество		상호 유리한 성공적인 협력
■ дру́жба ме́жду Росси́ей и Ю́жной Коре́ей		한러 간 우호(우정)

Упражнения

1. Составьте предложения, используя, если необходимо, соответствующие падежи и предлоги.

Пример:
- Мы рады ▫ наша встреча.
→ Мы рады нашей встрече.

1.	▪ Мы рады, что		▫ наше сотрудничество успешно развивается ▫ визит прошёл успешно ▫ договор о сотрудничестве был подписан
	▪ Мы рады		▫ успешное развитие нашего сотрудничества ▫ успех нашего визита ▫ подписание договора о сотрудничестве
2.	▪ Министр надеется на ▪ Он выразил надежду на		▫ поддержка российского президента ▫ иностранные кредиты
3.	▪ Договор (по)служит	гарантией барьером для началом	▫ успешное сотрудничество
4.	▪ Наш успех стал возможным благодаря ▪ Мы добились успеха благодаря		▫ хорошее планирование ▫ внедрение передовой технологии

	• Мы смогли расширить производство благодаря • Проект был быстро реализован благодаря	▫ совместные усилия ▫ высокая квалификация специалистов
5.	• Визит направлен на • Наши усилия направлены на • сотрудничество направлено	▫ установление контактов с Москвой ▫ укрепление связей с Россией ▫ разработка совместного проекта
6.	• Наша корпорация заинтересована	▫ развитие контактов с вами ▫ обмен технической информацией ▫ открытие филиала в Москве ▫ расширение производства
	• Мы заинтересованы (в том, чтобы)	▫ развивать контакты с вами ▫ обмениваться технической ▫ открыть филиал в Москве ▫ расширить производство

제 5과. 만찬 테이블에서

7.

• Мы готовы сотрудничать	▫ российские партнёры
• Мы стремимся к сотрудничеству	▫ вы
• Корпорация развивает сотрудничество	▫ российские компании

단어 TIP!

догово́р 계약 | плани́рование 계획 | внедре́ние передово́й техноло́гии 선진 기술 도입 | реализова́ть 1) 실현시키다, 실시·이행하다 2) 팔다, 현금화하다 | установи́ть конта́кты с кем 연락, 관계를 맺다 | укрепле́ние свя́зей с Росси́ей 러시아와 관계 강화 | обме́ниваться чем 교환하다 | гото́в сотру́дничать с кем ~와 협력할 용의가 있다 | стреми́ться к сотру́дничеству с кем ~와 협력을 위해 노력하다 | развива́ть сотру́дничество с кем ~와 협력을 추진하다

Step 4

Задание

Вы сейчас в ресторане с Российскими партнёрами. Составьте диалог. Предложите тост.

Диалог
기본대화

Как вам нравится русская еда? Очень отличается от корейской?

Step 1

Ю. А. Холодов:	Как вам нравится русская еда? Очень отличается от корейской?
Ким Минсу:	В общем, да. Конечно, ваша еда вкусная, но корейцы едят совсем другое.
Ю. А. Холодов:	А что, например?
Ким Минсу:	Ну, например, маринованную говядину кальби, острую квашеную капусту кимчхи... Вообще, корейская кухня очень острая, в ней много специй. А вы когда-нибудь пробовали корейскую еду?
Ю. А. Холодов:	Нет, никогда. Даже не представляю, что это такое.
Ким Минсу:	А в Москве разве нет корейских ресторанов?
Ю. А. Холодов:	По-моему, их уже много, но я в них ещё не был.
Ким Минсу:	Ну, что ж, приезжайте к нам в Корею,

Урок 5. Ужин. За столом

	мы угостим вас нашей национальной едой!
Ю. А. Холодов:	Отличная идея! Давайте за это и выпьем.

A Новые слова

■ русская еда		러시아 음식
■ отличаться	*от кого чем*	차이가 있다, 특색을 지니다
■ в общем		대체로, 일반적으로
■ маринованная говядина мариновать/замариновать		재어 놓은 소고기 저장하다, 초에 담그다, 양념하다, 재다
■ квашеная капуста квасить/заквасить		배추김치 발효시키다
■ специя		양념
■ угощать/угостить	*кого чем*	대접하다, 환대하다

예) Сегодня мы вас угощаем. 오늘은 저희가 대접하겠습니다.

■ пить/вы́пить   что   1) 마시다, 2) 술을 마시다,
                за что   3) 건배하다

Step 3  Упражнения

2. Составьте предложения, используя, если необходимо, соответствующие падежи и предлоги.

Пример:
- Русская еда отличается   ▫ корейская
→ Русская еда отличается от корейской.

1.	• Российская бизнес-атмосфера отличается • Русские традиции отличаются	▫ корейская ▫ американская ▫ европейская ▫ китайская ▫ японская
2.	• В Москве разве нет • Вы разве не ходили	▫ китайские рестораны ▫ японский этнический музей ▫ парк аттракционов

Step 4

Задание

Вы разговариваете с российским партнёром. Расскажите ему о корейской кухне и корейских правилах поведения за столом.

제 5과. 만찬 테이블에서

Диалог
기본대화

Я не думал, что у нас так много общего!

Step 1

Ю. А. Холодов: Простите за любопытство, а корейцы много пьют?

Ким Минсу: Ну, как вам сказать... Когда мы работаем, то, конечно, нет. Но после работы, в выходные, в праздники мы любим выпить в компании.

Ю. А. Холодов: Правда? Это хорошо. Мы, русские, тоже любим выпить в хорошей компании. А что пьют в Корее?

Ким Минсу: Разное — водку, пиво, вино, виски.

Ю. А. Холодов: Я слышал, что алкогольные напитки у вас очень дорогие. Это правда?

Ким Минсу: В ресторанах и барах дорого, а так — не очень.

Ю. А. Холодов: У нас тоже. А в Корее много курят?

Ким Минсу: Раньше так было. Почти все мужчины курили. Но сейчас многие бросили ку-

Ю. А. Холодов:	рить — забо́тятся о здоро́вье.
	Интере́сно. Я не ду́мал, что у нас так мно́го о́бщего! Дава́йте вы́пьем за здоро́вье. Как го́ворится, бы́ло бы здоро́вье — остально́е ку́пим!
Ким Минсу:	За ва́ше здоро́вье!

A Новые слова

05-06

- любопы́тство — 호기심

- в выходны́е — 주말에
- в пра́здники — 공휴일에

> 예) прийти́ в суббо́ту 토요일에 오다
> Конфере́нция начина́ется в во́семь часо́в.
> 컨퍼런스는 8시에 시작된다.

- вы́пить в хоро́шей компа́нии — 좋은 지인/일행들과 (술을) 마시다

- алкого́льные напи́тки — 주류, 술

 Упражнения

3. Составьте предложения, используя, если необходимо, соответствующие падежи и предлоги.

Пример:
- Простите ▫ любопытство
→ Простите за любопытство.

1.	• Извините • Простите • Прошу прощения	▫ поздний ответ ▫ задержание ответа ▫ неожиданная ситуация ▫ опоздание на встречу ▫ нарушение правил
2.	• Разрешите предложить тост • Давайте выпьем • Давайте поднимем наши бокалы	▫ наша встреча ▫ успешное взаимовыгодное сотрудничество ▫ наше здоровье ▫ счастье и благополучие ▫ дальнейшее сотрудничество ▫ развитие нашей дружбы

Step 4

Задание

Расскажите о культурных различиях между Россией и Кореей.

제 5과. 만찬 테이블에서

Чтение
독해

Меню ресторана русской кухни

Step 1

Меню

Салаты

Овощной ···115
Помидоры, огурцы.

Оливье ··125
Картофель, морковь, яйцо, огурцы лук, мясо, майонез.

Винегрет ··120
Свекла, морковь, капуста квашеная, картофель, огурцы солёные, зелёный горошек, лук репчатый, масло растительное.

Селёдка под шубой ································135
Селёдка малосольная, свекла, картофель, морковь, лук репчатый, яйца, майонез, соль перец.

Супы

Борщ ·· 130
Мясной бульон, мясо, свекла, капуста, картофель, морковь, лук, томатная паста, специи, сметана.

Окрошка ·· 145
Мясо, яйцо, отварной картофель, огурец, редис, зеленый лук.

Королевская уха ································· 180
Лосось, картофель, рис, зелень.

Суп куриный с лапшой ··························· 130
Куриное мясо, лапша.

Щи «Купеческие» с грибами и сметаной ··· 170
Куриный бульон, картофель, шампиньоны, сметана, курица.

Горячие блюда

Перец фаршированный ·························· 210
Сладкий перец, мясо, рис.

Голубцы со сметаной ···························· 190
Капуста, мясо, рис, сметана.

Пельмени в грибном соусе ····················· 165
Пельмени под соусом из сливок, шампиньонов, сливочного масла и лука.

Рагу из свежих овощей ·························· 140
Картофель, перец, морковь, лук, помидоры, зелень тясо.

Жюльен грибной ································· 210
Шампиньоны, сливки, сыр.

Бефстроганов ···································· 230
Говядина, шампиньоны, сливки.

Бифштекс из телячьей вырезки ············· 260

Гарниры

Картофельное пюре ········· 50
Картофель фри ············· 50
Рис ······················ 60
Гречка ··················· 50

Десерты

Пирожное «Наполеон» ········ 110
Торт «Медовый» ············ 95
Десерт «Павлова» ·········· 130
Мягкое безе со сливочно-ванильным кремом и клубничным конфитюром.
Мороженое ················ 65
Фруктовое ассорти ········· 70

Напитки

Джин 0,75 л ··· 1600
Бренди 0,75 л ··· 1700
Водка 0,5 л ··· 1500
Коньяк 0,75 л ··· 1300
Шампанское 0,75 л ··· 1200
Сухое вино белое 160
Сухое вино красное 160

Морс клюквенный ··· 65
Свежевыжатый апельсиновый сок ··· 200
Чай чёрный ··· 70
Чай зелёный ··· 70
Кофе американо ··· 55
Кофе капучино ··· 90

Урок 5. Ужин. За столом

 Прочитайте диалог и составьте аналогичный диалог, используя меню ресторана русской кухни.

Официант:	Что будете заказывать?
Посетитель:	Мне суп куриный с лапшой и перец фаршированный.
Официант:	Какой гарнир будете?
Посетитель:	А какой есть?
Официант:	Картофельное пюре, картофель фри, рис, гречка.
Посетитель:	Картофельное пюре, пожалуйста.
Официант:	Салат не будете брать?
Посетитель:	Не знаю. Салат «Оливье» вкусный?
Официант:	Да, очень. Там картофель, морковь, яйцо, огурцы, лук, мясо, майонез.
Посетитель:	Ой, я не люблю майонез.
Официант:	Тогда, может быть, овощной салат? Там помидоры и огурцы.
Посетитель:	Да, давайте овощной салат.
Официант:	Что будете пить?
Посетитель:	Водку и апельсиновый сок.

여기서 잠깐!

🥂 건배사

- Я бы хотéл поблагодарѝть Вас за организа́цию на́шей встрéчи и за то́, что Вы собра́ли нас сего́дня в э́том прекра́сном мéсте. Дава́йте вы́пьем за длѝтельное и эффектѝвное сотру́дничество мéжду на́шими компа́ниями! До дна́!

- Всегда́ прия́тно вы́пить бока́л вина́ с до́брыми друзья́ми. Но осо́бенно прия́тно, когда́ э́ти до́брые друзья́ явля́ются ещё и хоро́шими партнёрами! Так вы́пьем же за на́шу крéпкую дру́жбу, и за то́, чтобы она́ не помеша́ла на́шему делово́му сотру́дничеству, а то́лько помога́ла его́ развѝтию!

- Сего́дня у нас с ва́ми па́мятный и знамена́тельный день – мы заключѝли мемора́ндум о взаимопонима́нии мéжду на́шими компа́ниями. Поздравля́ю всех с прекра́сным ста́ртом на́шего сотру́дничества! Я хочу́ пожела́ть нам всем встрéтиться чéрез мéсяц в Корéе для заключéния догово́ра о сотру́дничестве и вы́пить за развѝтие отношéний мéжду на́шими компа́ниями! Ура́!

- Встрéчи мо́гут происходѝть в поезда́х, рестора́нах, музéях, теа́трах, на вечерѝнках. Встрéчи быва́ют ра́зные: случа́йные и ожида́емые, дру́жеские и недру́жеские, счастлѝвые и неприя́тные. Встрéчи мо́гут нестѝ ра́дость и быть о́чень интерéсными. И вот сего́дня я испы́тываю большо́е удово́льствие от на́шей встре́чи. Я пью за прису́тствующих!

- Спаси́бо вам друзья́, за то́, что на́ши встре́чи всегда́ прохо́дят в великоле́пной атмосфе́ре дру́жбы и душе́вной теплоты́. За всех вас и ка́ждого в отде́льности. До дна́!

- Дава́йте вы́пьем за умноже́ние на́шего капита́ла, на́шего здоро́вья и за дороги́х нам люде́й!

- За неё — за уда́чу! И за него́ — за успе́х!

- Пусть в ва́шей жи́зни бу́дут лю́ди, за кото́рых хо́чется вы́пить, а не те́, из-за кото́рых хо́чется напи́ться!

- Говоря́т, полоса́ неуда́ч иногда́ ока́зывается взлётной. Так вы́пьем же за на́ши ра́достные перспекти́вы на взлётной полосе́!

단어 TIP!

вы́пить *за что/кого* ~을 위해서 마시다 | напи́ться *из-за чего/кого* ~때문에 취하도록 마시다 | полоса́ неуда́ч(полоса́ уда́ч) 불운(행운) | взлётная полоса́ 활주로

Отдохнём! (Пословицы)
쉬어갑시다!

Было бы здоровье – остальное будет.
건강만 있다면 나머지는 걱정 없다.

Существуют различные варианты этой пословицы – например, «было бы здоровье, а остальное приложится» и шутливая версия «было бы здоровье – остальное купим». Все эти выражения означают, что здоровье – самое важное для человека.

1. Вы, наверное, знаете шутливую поговорку: «Было бы здоровье – остальное купим». Лично мне она очень нравится. Конечно, купить всё остальное не в состоянии никто, но из поговорки каждому становится ясно, что важнее здоровья ничего нет. К сожалению, большинству из нас это становится понятно лишь тогда, когда здоровье в значительной степени уже потеряно.

단어 TIP!

в значи́тельной сте́пени 상당한 정도

2. Здоровье на протяжении всей истории человечества является одной из главных ценностей. Выдающийся философ XIX века Артур Шопенгауэр писал: «Здоровье стоит настолько выше всех внешних благ, что, поистине, здоровый нищий счастливее больного царя». С течением времени ничего не изменилось, и сейчас, в XXI веке, часто можно услышать фразу «Было бы здоровье – остальное приложится». Можно считать эти фразы избитыми, но на самом деле это мудрость, подтверждаемая опытом десятков поколений: ведь только здоровый человек может чувствовать себя по-настоящему счастливым.

단어 TIP!

на протяже́нии чего ~동안에, ~동안에 걸쳐 | **выдаю́щийся** 탁월한 | **пои́стине** 진심으로, 진실로 | **изби́тый** 진부한, 고리타분한, 상투적인

출처: *И. А. Мальханова. Школа для трудных родителей*
www.uv66.ru

제 5과. 만찬 테이블에서

Важные выражения
주요 표현

1. Как вы долетели? Как устроились в гостинице?

2. Надеюсь, что ваш визит послужит укреплению плодотворного сотрудничества между нашими фирмами.

3. Правительство проводит политику, направленную на развитие Дальнего Востока.

4. Мы нуждаемся в передовых технологиях и иностранных инвестициях.

5. Мы хотели бы обсудить возможности продажи наших товаров на российский рынок.

6. Мы расширяем деловые связи с зарубежными странами.

7. Мы очень заинтересованы в развитии сотрудничества с такими компаниями, как ваша.

8. Мы ведём много проектов с разными странами.

9. Наша компания открыта для разного рода сотрудничества.

10. Будем надеяться, что наше сотрудничество будет развиваться на основе равенства и взаимной выго-

ды.

11. Разрешите предложить тост. Давайте выпьем за нашу встречу! За успешное сотрудничество!

12. Я не думал, что у нас так много общего!

13. Мы рады успешному развитию нашего сотрудничества

14. Наш проект был быстро реализован благодаря совместным усилиям.

15. Как вам нравится русская еда?

16. Простите за любопытство, вы женаты (замужем)?

УРОК 6

사전 협의하기
Предварительное обсуждение

제 6과. 사전 협의하기

Диалог
기본대화

Какая продукция вас интересует?

Step 1

06-01

Директор отдела закупок ООО «Автопром» И. В. Зайцева интересуется продукцией корейской корпорации «АВС» в разговоре со старшим менеджером по зарубежным поставкам корпорации АВС.

Ким Минсу: Позво́льте узна́ть, каки́е проду́кты на́шей компа́нии вас интересу́ют (кака́я проду́кция вас интересу́ет)?

И. В. Зайцева: Мы заинтересо́ваны в заку́пке лакокра́сочных материа́лов для ли́нии произво́дства автомоби́лей. Мы и́щем но́вого надёжного поставщика́ эма́лей бе́лого цве́та. Кро́ме того́, нам бы хоте́лось узна́ть, предоставля́ете ли вы техни́ческую подде́ржку при примене́нии кра́сок на ли́нии произво́дства.

Ким Минсу: Что каса́ется автомоби́льных кра́сок, то о́пыт рабо́ты на росси́йском ры́нке у нас есть. Мы поставля́ем автомоби́льные

	кра́ски на заво́д компа́нии «Мирэ́ мо́тор мануфа́ктуринг рус» в Екатеринбу́рге.
И. В. Зайцева:	Отли́чно. Мо́жно посмотре́ть катало́г ва́шей проду́кции?
Ким Минсу:	Коне́чно. Пожа́луйста. Вы мо́жете взять его́ с собо́й. Кста́ти, в нача́ле катало́га мно́го о́бщей информа́ции о на́шей компа́нии – возмо́жно, вас э́то заинтересу́ет.
И. В. Зайцева:	Спаси́бо. Сего́дня на́ши инжене́ры изу́чат техни́ческие характери́стики и ассортиме́нт ва́ших това́ров и к у́тру бу́дут гото́вы вы́сказать своё мне́ние.

Step 2   А   Новые слова

06-02

■ това́р, проду́кт, проду́кция	제품, 상품
гото́вая проду́кция	완제품
э́кспортная проду́кция	수출제품
= проду́кция на э́кспорт	

■ эма́ль	상도(도료)

■ кра́ска	도료
= лакокра́сочный материа́л	도료 제품

■ техни́ческая подде́ржка	기술지원

■ что каса́ется	чего	~와 관련해서
■ примене́ние		적용
■ ли́ния произво́дства		생산 라인
■ техни́ческие характери́стики		기술 사양
■ выска́зывать/вы́сказать мне́ние		의견을 내다

Step 3  Упражнения

1. Составьте предложения со словом «кроме», используя для этого следующие выражения в правильной форме.

Пример:
- Кроме ▫ лаки ▫ нам интересны краски
→ Кроме лаков, нам интересны краски.

1.	▪ Кроме	
	▫ качественное сырьё ▫ два завода ▫ покупка леса	▫ нам нужны запасные части для станков ▫ мы хотим построить фабрику ▫ компания откроет филиал в Москве

	▫ мы планируем купить асбест.
	▫ мы закупим нефтепродукты

2. Составьте предложения, используя для этого следующие выражения в правильной форме.

Пример:
- Нас интересует возможность
- ▫ строительство завода в Сибири
- → <u>Нас интересует возможность строительства завода в Сибири.</u>

1.	• Нас интересует возможность	▫ покупка природного сырья в России
	• У меня сейчас нет возможности	▫ строительство завода в Сибири
	• Мы изучаем возможности	▫ открыть совместное предприятие
	• Каковы возможности	▫ оказание содействия в сотрудничестве
	• Он говорил о возможности	▫ приезд делегации в Россию

3. Составьте предложения с выражением «что касается», используя для этого следующие выражения в правильной форме.

Пример:
- Что касается   ▫ наш проект   ▫ всё в порядке
→ Что касается нашего проекта, всё в порядке.

1.	• Что касается	
	▫ наш проект	▫ всё в порядке
	▫ торговля с Россией	▫ вопрос решён
	▫ покупка сырья	▫ мы купим его у россиян
	▫ заключение договора	▫ нас полностью устраивают условия
	▫ готовая продукция	▫ требуется увеличить объём поставок

Урок 6. Предварительное обсуждение

Step 4

Задание

Вы интересуетесь продукцией ваших партнёров. Распределите между собой роли и составьте диалог, аналогичный Диалогу 1.

Диалог
기본대화

Когда мы сможем обсудить детали?

Step 1

Представитель российской автомобилестроительной компании «Автопром» А. А. Романов и Ким Минсу договариваются о встрече для обсуждения конкретных деталей будущих поставок.

Ким Минсу:	Скажи́те, каки́е проду́кты вас бо́льше всего́ интересу́ют?
А. А. Романов:	Ну, э́то зави́сит от произво́дственной ли́нии.
Ким Минсу:	Мы располага́ем кру́пным произво́дством лакокра́сочных материа́лов для автомоби́лей.
А. А. Романов:	А что конкре́тно вы произво́дите?
Ким Минсу:	Наприме́р, грунты́, эма́ли, ла́ки.
А. А. Романов:	Вы зна́ете, для покра́сочной ли́нии нам таки́е проду́кты нужны́.
Ким Минсу:	Когда́ мы смо́жем обсуди́ть конкре́тные дета́ли?

Урок 6. Предварительное обсуждение

А. А. Романов:	Мо́жно э́то сде́лать за́втра. Вы свобо́дны в 10 утра́?
Ким Минсу:	Да, коне́чно. Где мы мо́жем встре́титься?
А. А. Романов:	Е́сли вам удо́бно, у нас в компа́нии. Я пришлю́ за ва́ми маши́ну в гости́ницу. Вас э́то устро́ит?
Ким Минсу:	Коне́чно. Во ско́лько прие́дет маши́на?
А. А. Романов:	В 9.30 – э́то не ра́но?
Ким Минсу:	Ничего́. Как говори́тся, кто ра́но встаёт, тому́ Бог подаёт. Зна́чит, уви́димся за́втра в 10 утра́ у вас в кабине́те.
А. А. Романов:	Отли́чно.

Step 2  **Но́вые слова́**

06-04

■ зави́сеть	от кого́/чего́	~에 의하다, 의존하다
■ располага́ть располага́ть/расположи́ть	чем	(НСВ만) ~을 소유하다 배열하다, 배치하다
■ грунт		중도(도료)
■ покра́сочная ли́ния		도장 라인
■ Кто ра́но встаёт, тому́ Бог подаёт		(속담) 신은 일찍 일어나는 자를 돕는다.

159

Step 3 Упражнения

4. Составьте предложения, используя, если необходимо, соответствующие падежи и предлоги.

Пример:
- Доходы нашей компании зависят
- внешнеэкономическая конъюнктура
→ Доходы нашей компании зависят от внешнеэкономической конъюнктуры.

1.		
	• Доходы компании зависят	▫ стабильность российской экономики
	• Наши планы зависят	▫ решения директора
	• Успех проекта зависит	▫ многие факторы
	• Темп реформ зависит	▫ энтузиазм россиян
	• Сроки строительства зависят	▫ то, как будет действовать президент

5. Составьте предложения, используя, если необходимо, соответствующие падежи и предлоги.

Пример:
- Талантливая молодёжь располагает
- огромный потенциал
→ Талантливая молодёжь располагает огромным потенциалом.

1.	• Талантливая молодёжь располагает • Наша компания располагает • Россия располагает	▫ огромный потенциал ▫ крупное автопроизводство ▫ секретные сведения
	• Производство располагает • Эта газета располагает	▫ природные ресурсы ▫ высококлассные специалисты

Step 4

Задание

Вы договариваетесь о встрече с российским партнёром. Распределите между собой роли и составьте диалог, аналогичный Диалогу 2.

Диалог
기본대화

Мы могли бы поставлять и то, и другое

Step 1

Российский представитель проявляет интерес не только к лакокрасочным, но и к строительным материалам корейской корпорации.

Ким Минсу:	Как вы ду́маете, ваш дире́ктор не бу́дет возража́ть про́тив того́, что́бы мы обсуди́ли план возмо́жных поста́вок сего́дня?
А. А. Рома́нов:	Ниско́лько. Он сам проси́л меня́ обговори́ть э́тот вопро́с с ва́ми. Нас интересу́ют не то́лько автомоби́льные кра́ски, но и строи́тельные материа́лы. У нас есть хоро́ший партнёр в о́бласти строи́тельства.
Ким Минсу:	Ну, что же, я ду́маю, мы могли́ бы поставля́ть и то, и друго́е.
А. А. Рома́нов:	Вы зна́ете, я до́лжен вам сказа́ть сра́зу — нам ну́жны това́ры исключи́тельно высо́кого ка́чества. На́ша коне́чная про-

	дукция знамени́та свое́й про́чностью и надёжностью.
Ким Минсу:	Я, в свою́ о́чередь, рад вам сообщи́ть, что наш заво́д выпуска́ет проду́кцию экстра-кла́сса. Уве́рен, что вы не пожале́ете.
А. А. Романов:	Да, мы мно́го слы́шали о высо́ком ка́честве ва́ших проду́ктов. Скажи́те, а возмо́жно бы́ло бы организова́ть техни́ческое сотру́дничество, созда́ть совме́стный иссле́довательский центр?
Ким Минсу:	Ну, э́то совсе́м друга́я те́ма. К сожале́нию, я сра́зу не могу́ реши́ть э́тот вопро́с. Мне на́до посове́товаться с на́шими специали́стами о том, кака́я фо́рма техни́ческого сотру́дничества бо́льше для нас подхо́дит.
А. А. Романов:	Когда́ вы бу́дете име́ть оконча́тельный отве́т?
Ким Минсу:	Сейча́с тру́дно сказа́ть. Э́то мо́жет заня́ть не́сколько дней.
А. А. Романов:	Ну, что же, э́то мо́жет подожда́ть. Мы обсу́дим э́тот вопро́с по́зже.
Ким Минсу:	Договори́лись.

제 6과. 사전 협의하기

Step 2

 А Новые слова

- возража́ть/возрази́ть   *кому на что, против кого/чего*   반대하다, 반박하다, 항의하다

- ниско́лько   조금도, 추호도

  예) ниско́лько не уста́л 조금도 피곤하지 않다.
  ниско́лько не хо́лодно 조금도 춥지 않다.

- поставля́ть/поста́вить   *кого/что куда*   공급하다, 납품하다
  поставщи́к   공급자, 공급업체
  поста́вка   공급

  예) Мы поставля́ем кра́ску в Росси́ю. 우리는 러시아에 도료를 공급한다.

- строи́тельные материа́лы   건자재

- знамени́тый   저명한, 고명한, 유명한
  탁월한, 우수한

- жале́ть/пожале́ть   아쉬워하다, 아까워하다

  예) жале́ть де́ньги 돈을 아까워하다

- созда́ние совме́стного иссле́довательского це́нтра   공동 연구소 설립

- фо́рма техни́ческого сотру́дничества   기술 협력의 형태

■ советоваться/посоветоваться	с кем	상담하다, 상의하다, 조언을 청하다
советовать	кому	조언하다, 충고하다, 권하다

Step 3

6. Составьте предложения, используя, если необходимо, соответствующие падежи и предлоги.

Пример:
- Мы посоветуемся
  ▫ акционеры   ▫ создание совместного предприятия
  → Мы посоветуемся с акционерами о создании совместного предприятия.

1.	• Мы посоветуемся • Я советуюсь • Они советовались	
	▫ президент ▫ заместитель ▫ мы	▫ этот проект ▫ покупка леса ▫ финансовая сторона вопроса

7. Составьте предложения, используя, если необходимо, соответствующие падежи и предлоги.

Пример:
- Россияне возразили против ▫ высокие цены
→ Россияне возразили против высоких цен.

1.	• Партнёры [не] возражают против • Россияне возразили против • Президент возражает против	▫ наше предложение ▫ высокие цены ▫ строительство завод в Сибири
2.	• Наша компания • Мы • Россияне	▫ не устраивает цена этих продуктов ▫ вполне устраивает качество ваших товаров ▫ устроило ваше предложение
3.	• Наша фирма поставляет машины • Хёндэ поставляет промышленные краски • Куда вы поставляете	▫ все страны Азии ▫ США ▫ ваша продукция

Step 4

Задание

Вас интересует не только продукция партнёров, которую вы уже обсуждали, но и другая их продукция, а также, создание совместного предприятия. Распределите между собой роли и составьте диалог, аналогичный Диалогу 3.

제 6과. 사전 협의하기

Чтение
독해

Российский миллиардер Олег Дерипаска

Текст

Олег Владимирович Дерипаска — российский предприниматель, миллиардер, владелец холдинга «Базовый элемент», контролирующего множество предприятий в различных отраслях, в том числе в энергетике, цветной металлургии, добыче минерального сырья, машиностроении, авиации, строительстве, сельском хозяйстве и в сфере финансовых услуг.

Олег Дерипаска родился в СССР 1968 году. Его отец умер, когда Олегу был всего один год. Матери пришлось много работать, чтобы содержать семью, поэтому она отправила сына на воспитание к бабушке и дедушке в деревню на Кубань. Чтобы помочь маме, Олег в детстве подрабатывал помощником электрика на заводе.

В школе Олег учился хорошо, много читал, особенно интересовался физикой и математикой. После школы в 1985 году поступил в МГУ на физический факультет. Дерипаска мечтал стать ученым-физиком, но в те времена заниматься наукой в России из-за отсутствия финансирования было практически невозможно, а зарабатывать на жизнь было надо, поэтому уже в годы учебы в МГУ будущий миллиардер занялся бизнесом. Он также получил второе высшее образование, окончив в 1996 г. Российскую экономическую академию им. Г. В. Плеханова. Прослушал несколько курсов в Лондонской школе экономики.

В 1990 году Дерипаска вместе с однокурсниками с физфака МГУ организовал компанию, специализировавшуюся на торговле металлами и работавшую с брокерами на основных биржевых площадках — Московской товарной бирже и Российской товарно-сырьевой бирже. Компания занялась экспортом, покупая металл по низким ценам в России и продавая его за рубеж по рыночным ценам. Практически вся прибыль от этого бизнеса направлялась на покупку акций Саяногорского алюминиевого завода в Хакасии. К 1994 г. Дерипаске удалось скупить около 10% акций завода и стать его генеральным директором. В 1997 г. он создает первую на постсоветском пространстве промышленную группу «Сибирский алюминий», которая объединила различные предприятия алюминиевой промышленности России. В 2001 г. группа была переименована в «Базовый элемент». В настоящее время этот холдинг состоит из компаний, которые контролируются Дерипаской или входят в сферу его бизнес-интересов. В 2012 году общая выручка компаний холдинга составляла 27 миллиардов долларов.

Весной 2018 года Минфин США ввел санкции против ряда российских компаний и бизнесменов, включая «Базовый элемент» и Олега Дерипаску. Однако в конце того же года санкции против холдинга Дерипаски были отменены, поскольку они нанесли ущерб мировому рынку алюминия и интересам американских производителей.

제 6과. 사전 협의하기

Step 2  Упражнения

8. Отметьте правильные утверждения галочкой (✓).

1. После смерти отца Олег несколько лет
   1) жил с матерью на Кубани. (　)
   2) помогал матери зарабатывать деньги. (　)
   3) жил у бабушки и дедушки в деревне. (　)

2. Дерипаска не стал учёным-физиком, потому что
   1) не любил физику. (　)
   2) учёные в те годы не получали достаточного финансирования. (　)
   3) предпочёл заниматься бизнесом. (　)

3. Дерипаска начал заниматься бизнесом
   1) после окончания академии им. Г.В. Плеханова. (　)
   2) после курсов в Лондонской школе экономики. (　)
   3) во время учёбы в МГУ. (　)

단어 TIP!

предпринима́тель(=бизнесмен) 사업가 | миллиарде́р 억만장자 | хо́лдинг 지주회사 | энерге́тика 동력공업 | цветна́я металлурги́я 비철 야금공업 | добы́ча 채굴, 채취 | сырьё, сырьево́й 원료, 원료의 | фина́нсовые услу́ги 금융 서비스 | содержа́ть семью́ 가족을 부양하다 | отпра́вить на воспита́ние 양육을 위해 보내다 | эле́ктрик 전기 기술자 | финанси́рование 자금 조달 | зараба́тывать на жизнь 생활비를 벌다 | бро́кер 브로커, 중개인 | би́ржа, биржево́й 거래소, 거래소의 | ры́ночная цена́ 시장 가격 | постсове́тское простра́нство 옛 소련 국가들 | вы́ручка 매출액 | са́нкции 제재 | нанести́ уще́рб 해를 끼치다

Урок 6. Предварительное обсуждение

Отдохнём! (Пословицы)
쉬어갑시다!

Кто рано встаёт, тому Бог подаёт.
신은 일찍 일어나는 자를 돕는다.

Эта пословица говорит о том, что вставший рано утром человек успевает сделать больше, а следовательно, и более успешен.

1. Есть хорошая русская пословица: «Кто рано встаёт, тому Бог подаёт». И в бизнесе она, как нигде, кстати. Это вполне естественно: чтобы многое успеть, со всеми переговорить, реализовать заранее продуманный бизнес-план, нужно достаточное количество времени.

> **단어 TIP!**
>
> как нигде́, кста́ти 그 어느 곳보다 더 잘 맞는다 | реализова́ть би́знес-план 사업 계획을 실현하다

2. «Кто рано встаёт, тому Бог подаёт», — гласит известная русская пословица. Между тем, японские учёные установили, что у тех, кто встаёт рано, риск развития заболеваний сердца выше, чем у любителей поспать подольше.

> **단어 TIP!**
> гласи́ть(=говори́ть) 알리다, 말하다 | установи́ть 증명하다, 입증하다

출처: www.bi-plan.ru
www.rbc.ru

Урок 6. Предварительное обсуждение

Важные выражения
주요 표현

1. Позвольте узнать, какие продукты нашей компании вас интересуют?

2. Мы заинтересованы в закупке нескольких ваших продуктов.

3. Мы ищем нового надёжного поставщика товара.

4. А что конкретно вы производите?

5. У нас большой опыт работы на российском рынке.

6. Когда мы сможем обсудить конкретные детали?

7. Я пришлю за вами машину в гостиницу.

8. Как вы думаете, директор не будет возражать, если мы обсудим план поставок?

9. Нас интересуют не только краски, но и строительные материалы.

10. Мы могли бы поставлять вам и то, и другое.

11. Ваша компания располагает огромным потенциалом.

12. Наши планы зависят от решения директора.

13. Наша продукция знаменита своей прочностью и

надёжностью.

14. Наш заво́д выпуска́ет проду́кцию э́кстра-кла́сса.

15. Мне на́до посове́товаться с на́шими специали́стами о том, кака́я фо́рма нам подхо́дит.

16. Когда́ вы бу́дете име́ть оконча́тельный отве́т?

УРОК 7

공장 방문하기

Посещение завода

제 7과. 공장 방문하기

Диалог
기본대화

Вы хотели бы посмотреть завод?

Step 1

А. А. Романов предлагает корейской делегации посетить завод, на котором будет применяться корейская продукция. Ким Минсу с радостью соглашается поехать.

А. А. Романов: Мистер Ким, Вы хотели бы посмотреть завод, на котором будет использоваться ваша продукция?

Ким Минсу: Да, я был бы очень признателен, если бы вы организовали для нашей делегации посещение завода. Это было бы очень интересно!

А. А. Романов: Это не трудно организовать. Мы можем показать вам завод в Калуге, это один из наших крупнейших заводов.

Ким Минсу: Это было бы прекрасно. Я много слышал о высоком уровне работы специалистов на этом заводе и о том, что в Калуге много заводов российских и зарубежных компа́ний.

А. А. Рома́нов: Да, в Калу́ге це́лый технопа́рк. Там есть и коре́йские компа́нии. Ду́маю, вам бу́дет интере́сно. Мы мо́жем показа́ть вам основны́е цеха́ и зате́м побесе́довать в кабине́те гла́вного инжене́ра.

Ким Минсу́: Хорошо́. А ско́лько рабо́чих за́нято на произво́дстве?

А. А. Рома́нов: Всего́ рабо́тает приблизи́тельно 8 ты́сяч челове́к.

Ким Минсу́: Я слы́шал, что вы применя́ете совреме́нные техноло́гии. Не сли́шком ли мно́го рабо́чих за́нято на заво́де?

А. А. Рома́нов: Нет, что вы! Е́сли приня́ть во внима́ние годово́й объём выпуска́емой проду́кции и её ассортиме́нт, это совсе́м не мно́го. У нас действи́тельно в большинстве́ цехо́в высо́кий у́ровень автоматиза́ции, как вы уви́дите.

Ким Минсу́: Ну что ж, пое́дем посмо́трим.

А. А. Рома́нов: Отли́чно, тогда́ за́втра с утра́ выезжа́ем.

제 7과. 공장 방문하기

Step 2

A Новые слова

07-02

■ испо́льзоваться		사용되다
■ быть призна́тельным	кому́ за что	감사하다, 고마워하다
■ организо́вывать/организова́ть		조직하다
■ посеще́ние	чего́	방문
■ обору́дование		장비, 설비
■ произво́дство	чего́	제조
■ усло́вие		조건
■ технопа́рк		테크노파크
■ цех		작업장, 전문공장
покра́сочный цех		도장 작업장
формо́вочный цех		주형 작업장
ремо́нтный цех		정비 작업장
конве́йерный цех		컨베이어 작업장
сбо́рочный цех		조립 작업장
■ кабине́т		사무실

178

Урок 7. Посещение завода

- гла́вный инжене́р — 수석 엔지니어

- за́нятый — 고용된, 바쁜, 일이 있는

- приблизи́тельно — 대략, 대강

- применя́ть/примени́ть — 적용하다

- техноло́гия — 기술

- принима́ть/приня́ть во внима́ние — 고려하다

- объём — 용량
  - объём произво́дства — 생산량
  - объём прода́ж — 판매량
  - годово́й объём выпуска́емой проду́кции — 연간 생산량

- ассортиме́нт *чего* — 각종 구색, 구색을 맞춘 물건

- автоматиза́ция — 자동화

Step 3 — Упражнения

1. Составьте предложения со словом «признателен(-льна, -льно) кому за что». Используйте следующие слова и выражения в правильной форме.
Пример:
- Он признателен
  ▫ принимающая сторона   ▫ тёплый приём
  → Он признателен принимающей стороне за тёплый приём.

1.	• Он признателен • Она признательна • Мы признательны	▫ принимающая сторона ▫ наши партнёры ▫ организаторы конференции ▫ поставщики продукции ▫ новые работники завода
	▫ тёплый приём ▫ интересная экскурсионная программа ▫ эффективная работа ▫ высокое качество продукции ▫ соблюдение условий сделки	

2. Составьте предложения с выражением «принять во внимание». Используйте следующие слова и выражения в правильной форме.

Пример:
- Принимая во внимание
  ▫ наша договорённость   ▫ мочь принять ваши условия
→ Принимая во внимание нашу договоренность, мы можем принять ваши условия.

1.	• Если принять во внимание • Принимая во внимание	▫ наша договорённость ▫ сложившиеся обстоятельства ▫ условия работы ▫ высокий уровень качества ▫ сложная экономическая ситуация
	▫ мочь принять ваши условия ▫ быть согласным с повышением цен ▫ необходимо сократить расходы ▫ быть должным выполнить требования работников ▫ иметь право расторгнуть контракт	

Step 4

Задание

Предложите вашему партнёру вместе осмотреть завод вашей компании. Опишите этот завод, где он находится, каковы его мощности, какие технологии там применяются. Составьте диалог, аналогичный Диалогу 1.

 **Диалог**
기본대화

Мы гарантируем качество на уровне мировых стандартов

Step 1

Корейская делегация приехала на завод «Автопрома» в Калуге и осматривает лакокрасочный цех.

07-03

А. А. Романов:	А вот и наш покрасочный цех, в котором будет применяться ваша продукция.
Ким Минсу:	О, я вижу, у вас установлено новейшее оборудование! Здесь практически нет посторонних запахов, несмотря на то, что здесь производится покраска.
А. А. Романов:	Да, мне очень приятно, что вы обратили на это внимание. Безусловно, сотрудники работают в масках для дополнительной защиты, но и степень очистки воздуха у нас очень высокая.
Ким Минсу:	А можно спросить, каким сырьём вы пользуетесь сейчас?
А. А. Романов:	Да, конечно, это не секрет. У нас есть поставщики как в России, так и за рубе-

	жо́м. Из зарубе́жных партнёров мы до́льше всех рабо́таем с фи́нскими поставщика́ми.
Ким Минсу:	Я слы́шал, они подде́рживают о́чень высо́кий станда́рт ка́чества.
А. А. Романов:	Да, соверше́нно ве́рно. Контро́ль ка́чества – о́чень суще́ственный фа́ктор. Именно для обеспе́чения высо́кого ка́чества мы испо́льзуем высокока́чественное сырьё и са́мое совреме́нное обору́дование.
Ким Минсу:	Ду́маю, это пра́вильная страте́гия. В ва́шей о́трасли ва́жно приде́рживаться мировы́х станда́ртов.
А. А. Романов:	Именно так! Мы гаранти́руем ка́чество на у́ровне мировы́х станда́ртов.
Ким Минсу:	А како́й у вас гра́фик рабо́ты заво́да?
А. А. Романов:	Сейча́с мы рабо́таем в две восьмичасо́вых сме́ны. Но в сезо́н, при необходи́мости иногда́ перехо́дим на рабо́ту в три сме́ны. Обору́дование позволя́ет рабо́тать практи́чески без остано́вки.
Ким Минсу:	Ну что ж, я ви́жу, что у вас о́чень высокоэффекти́вное произво́дство. Очень прия́тно было ознако́миться с ва́шим заво́дом.

Урок 7. Посещение завода

A Новые слова

07-04

■ устанáвливать/установи́ть		설치하다
■ практи́чески		사실상
■ посторóнний		외부의
■ покрáска	*чего*	도색
■ мáска		마스크
■ стéпень		정도
высóкая стéпень		높은 정도
ни́зкая стéпень		낮은 정도
■ очи́стка	*чего*	정제, 정화
очи́стка вóздуха		공기 정화
очисти́тель воздуха(=воздухоочисти́тель)		공기 청정기
очи́стка вóды		정수
водоочисти́тель(=фильтр для воды)		정수기
■ сырьё		원료
■ поставщи́к	*чего*	공급자
■ поддéрживать/поддержáть		지지하다, 유지하다

185

제 7과. 공장 방문하기

- гаранти́ровать(НСВ, СВ)   보증하다

- станда́рт   *чего*   표준, 기준, 규격
  мирово́й станда́рт   세계 표준
  станда́рт ка́чества   품질 기준

  > 예) Мы приде́рживаемся мировы́х станда́ртов ка́чества.
  > 우리는 세계적인 품질 기준을 준수합니다.

- фа́ктор   요인, 요소

- обеспе́чение   *чего*   보장, 보증, 확보
  обеспе́чение ка́чества   품질 보장
  обеспе́чивать/обеспе́чить ка́чество   품질을 보장하다

- высокока́чественный   고품질의
  това́р высо́кого ка́чества   고품질의 상품
  това́р ни́зкого ка́чества   저품질의 상품

- страте́гия   전략

- о́трасль   분야

- сезо́н   1) 계절 2) 성수기, 피크 시즌
  в сезо́н   성수기 때

- гра́фик рабо́ты   업무 일정

- сме́на   교대

예) Он рабо́тает в две сме́ны. 그는 2교대로 일한다.

- позволя́ть/позво́лить   *что/кому*   허락하다

- высокоэффекти́вный   효율성이 높은
  низкоэффекти́вный   효율성이 낮은

Step 3  Упражнения

3. Составьте предложения с выражением «несмотря *на что*». Используйте следующие слова и выражения в правильной форме.

Пример:
- Несмотря на   ▫ плохая погода   ▫ поехать на пикник
→ Несмотря на плохую погоду, мы поехали на пикник.

1.	• Несмотря на	▫ плохая погода
		▫ нехватка времени
		▫ невыгодные условия
		▫ старое оборудование
		▫ высокая степень очистки воздуха
	▫ поехать на пикник	
	▫ успеть сделать все задания	
	▫ заключить договор	

- обеспечить высокое качество товара
- работать в маске

4. Составьте предложения со словом «позволять/позволить *кому что*». Используйте следующие слова и выражения в правильной форме.

Пример:
- Качество оборудования
- позволять   - работать в три смены

→ <u>Качество оборудования позволяет нам работать в три смены.</u>

1.	• Качество оборудования • Загрязнение воздуха • Высокая степень очистки воды • Условия договора • Мировые стандарты качества	- (не) позволять/позволить
	- работать в три смены - ходить без маски - пить воду из крана - отдыхать две недели - выпускать некачественную продукцию	

Step 4

Задание

Расспросите ваших партнёров об их производстве. Задайте вопросы о сырье, стандартах качества, графике работы, применяемых технологиях. Составьте диалог, аналогичный Диалогу 1.

Диалог
기본대화

Завод произвёл на меня хорошее впечатление

Step 1

Ким Минсу делится впечатлениями после визита на завод и задаёт дополнительные вопросы. Он очень доволен визитом и выражает надежду на долгосрочное сотрудничество.

А. А. Романов:	Рад был показа́ть вам наш заво́д, ми́стер Ким.
Ким Минсу:	И я рад был побыва́ть у вас. Заво́д произвёл на меня́ о́чень хоро́шее впечатле́ние. Как я понима́ю, заво́д рабо́тает с по́лной загру́зкой.
А. А. Романов:	Да, у нас мно́го зака́зов. Как для удовлетворе́ния вну́треннего спро́са, так и на э́кспорт.
Ким Минсу:	Кака́я-нибу́дь часть рабо́ты выполня́ется субподря́дчиками?
А. А. Романов:	Да, коне́чно, часть рабо́т выполня́ется небольши́ми компа́ниями, кото́рые ра-

	ботают у нас на субподря́де. Как говори́тся, де́ньги лю́бят счёт. Э́то ведь бо́лее экономи́чно, чем расширя́ть со́бственную структу́ру. Тем не ме́нее, важне́йшие эта́пы рабо́т произво́дятся у нас на заво́де, в не́скольких цеха́х.
Ким Минсу:	Да, вы пра́вы. Мы то́же выполня́ем у себя́ на заво́дах то́лько ключевы́е эта́пы произво́дства, тре́бующие тща́тельного контро́ля ка́чества. Кста́ти, мне о́чень понра́вилась ва́ша но́вая моде́ль. Вы давно́ её произво́дите?
А. А. Романов:	Мы внедри́ли но́вую техноло́гию и в про́шлом году́ на́чали произво́дство но́вой моде́ли. На́ши проекти́ровщики не отстаю́т от тре́бований совреме́нных техноло́гий.
Ким Минсу:	Прекра́сно. Мне о́чень понра́вилось у вас на заво́де. Жела́ю вам дальне́йшего разви́тия. И наде́юсь, что на́ши лакокра́сочные материа́лы бу́дут испо́льзоваться у вас до́лгое вре́мя на мно́гих эта́пах произво́дства.
А. А. Романов:	Отли́чное пожела́ние! Мы то́же за разви́тие и долгосро́чное сотру́дничество!

А Новые слова

- впечатле́ние — 인상
  произвести́ хоро́шее впечатле́ние — 좋은 인상을 남기다

- загру́зка — 작업 부하

- спрос   на что — 수요
  вну́тренний спрос — 내수
  удовлетворе́ние спро́са — 수요 충족

- субподря́д — 외주
  субподря́дчик — 하도급 업자
  рабо́тать на субподря́де — 하도급(하청) 계약으로 일하다

- Де́ньги лю́бят счёт — (속담) 돈은 셈을 좋아한다.

- экономи́чно — 경제적으로

- расширя́ть/расши́рить — 확장시키다

- структу́ра — 구조, 조직

- со́бственный — 자신의, 자체의

- выполня́ть/вы́полнить — 수행하다

■ этап	단계
■ ключево́й	핵심적인
■ контро́ль ка́чества	품질 관리
■ внедря́ть/внедри́ть	도입하다
■ проекти́ровщик	설계사, 디자이너
■ тре́бование	요구 사항

Step 3  Упражнения

5. Составьте пары предложений со словами «выполнять» и «выполняться». Используйте следующие слова и выражения в правильной форме.

Пример:
- Эта часть работы ▫ выполняться ▫ субподрядчики
→ Эта часть работы выполняется субподрядчиками.
→ Эту часть работы выполняют субподрядчики.

제 7과. 공장 방문하기

1.	• Эта часть работы • Наш договор • Условия контракта • Самый сложный этап • Расширение структуры компании	▫ выполнять ▫ выполняться
	▫ субподрядчики ▫ наши сотрудники ▫ российские партнёры ▫ корейские поставщики ▫ опытные проектировщики	

6. Составьте предложения с выражением «(не) отставать/отстать *от чего*». Используйте следующие слова и выражения в правильной форме.

Пример:
  • Мы   ▫ (не)отставать   ▫ соперники
  → Мы не отстаём от соперников.

1.	• Мы • Вы • Он • Она • Они	▫ (не) отставать/ отстать	▫ мировые стандарты ▫ новейшие технологии ▫ соперники ▫ партнёры ▫ самые строгие требования

Step 4

Задание

Поблагодарите партнёра за экскурсию на завод и задайте несколько дополнительных вопросов. Пожелайте дальнейшего развития и выразите надежду на сотрудничество. Составьте диалог, аналогичный Диалогу 3.

제 7과. 공장 방문하기

Чтение
독해

Калуга – лучший регион для иностранного бизнеса

Step 1  **Текст**

07-07

Калуга – город с населением 340 тыс. человек в 160 километрах от Москвы. А Калужская область — регион вокруг города Калуги. В настоящее время Калужская область является одним из самых экономически развитых субъектов Российской Федерации.

В 2012 году в Калужской области создана особая экономическая зона (ОЭЗ), на территории которой действуют особые правила, делающие деятельность инвесторов более эффективной. Издержки инвесторов при реализации проектов в ОЭЗ в среднем на 30-40% ниже общероссийских показателей.

В результате действия такой экономической политики, регион занимает ведущие места по росту промышленности, объёмам инвестиций на душу населения, темпам роста реальных доходов населения и уровню ежегодно внедряемых в производство передовых технологий. Основа такого быстрого роста — высокое качество управления, грамотная инвестиционная политика и профессионально выстроенная программа поддержки традиционных производств. Размещение в индустриальных парках и особой экономической зоне, налоговые льготы и поддержка институтов развития создают благоприятный режим для ведения любого бизнеса. Низкие риски инвестирования, налоговые льготы и законодательно закреплённая административная поддержка со стороны органов власти и специально созданных институтов развития также способствуют эффективной работе инвесторов.

В ОЭЗ Калуга разместились многие предприятия Европы и Азии. Популярна Калужская область и среди корейских предприятий. Область даже получила награду в номинации "Best Business" престижной бизнес-премии Russia — Korea Business Awards. Такую премию получают предприятия России и Южной Кореи, которые внесли самый большой вклад в развитие торгово-экономического сотрудничества между странами.

Обладателем подобной премии от Южной Кореи Калужская область становится уже не первый раз. В 2012 году регион стал лауреатом в номинации «Лучшие инвестиции». Тогда высокой оценки заслужила деятельность компании «Samsung Electronics», которая построила завод в посёлке Ворсино Калужской области. Завод по производству жидкокристаллических телевизоров компании «Samsung Electronics» был построен в 2008 году в рекордно короткие для России сроки — всего за 11 месяцев. Этот проект стал ориентиром для других корейских компаний.

На сегодняшний день корейский бизнес прочно обосновался в Калужской области, а Корея стала одним из ведущих торгово-экономических партнёров региона.

Сотрудничество России и Кореи в сфере бизнеса длится

제 7과. 공장 방문하기

уже более 20 лет. В 2010 году Корея заняла первое место по объёму инвестиций в экономику России. В этом году в Калужской области запустили свои производства сразу два корейских предприятия — кондитерская фабрика «Лотте КФ Рус» и табачная компания «KT&G». Таким образом, инвестиции в Калужский регион превысили 500 млн. долларов. Количество уже созданных рабочих мест — свыше 2,5 тысяч.

Иностранные инвесторы высоко оценивают результаты сотрудничества с калужским регионом, и руководство области подтверждает, что планирует развивать это сотрудничество и далее на взаимовыгодных условиях.

단어 TIP!

субъе́кт 주제, 주체 | субъект росси́йской федера́ции 러시아 연방 주체 | осо́бая экономи́ческая зо́на (ОЭЗ) 특별 경제 구역 | инве́стор 투자자 | изде́ржки 지출, 비용 | реализа́ция прое́ктов 사업 실현 | показа́тель 지표 | льго́та 특혜, 특전, 감면 | нало́говые льго́ты 세금 감면 | о́рганы вла́сти 권력 기관, 관청 | размеще́ние 배치 | размеще́ние произво́дства 공장 배치 | индустриа́льный парк(=технопа́рк) 테크노파크 | прести́жный 권위 있는 | внести́ вклад *во что* ~에 기여하다 | облада́тель 소유자 | лауреа́т 수상자 | номина́ция 임명, 추천 | жидкокристалли́ческий (ЖК) 액정 | жидкокристалли́ческий диспле́й 액정표시장치(LCD) | реко́рдный 기록적인 | ориенти́р *для кого/чего* 기준점 | обосно́вываться/обоснова́ться 정착하다, 자리잡다 | созда́ние рабо́чих мест 일자리 창출 | запуска́ть/запусти́ть 시동시키다, 돌아가게 하다 | конди́терская фа́брика 과자 공장 | таба́чная компа́ния 담배 공장 | превыша́ть/превы́сить 넘다, 초과하다

Step 2  Упражнения

7. Отметьте правильные ответы на вопросы и утверждения галочкой (✓).

1. **Почему деятельность инвесторов в Калужской области особенно эффективна?**
   1) Потому что у этого региона выгодное расположение. ( )
   2) Потому что там создана особая экономическая зона. ( )
   3) Потому что руководство области развивает сотрудничество с инвесторами. ( )

2. **В какой номинации Калужская область пока не получила приз?**
   1) В номинации «Business Awards» ( )
   2) В номинации «Best Business» ( )
   3) В номинации «Лучшие инвестиции» ( )

3. **На каком этапе находится на сегодняшний день сотрудничество с корейским компаниями?**
   1) Компании крепко обосновались в регионе. ( )
   2) Компании планируют начать сотрудничество с регионом. ( )
   3) Компании планируют завершить сотрудничество с регионом. ( )

제7과. 공장 방문하기

Step 3

Задание

Расскажите об одном из регионов Кореи, который имеет для вас особое значение. Упомяните в вашем рассказе местоположение и особенности этого региона. Почему вы выбрали для рассказа именно этот регион?

Отдохнём! (Пословицы)
쉬어갑시다!

Деньги любят счёт.
돈은 셈을 좋아한다.

Говорится в тех случаях, когда хотят подчеркнуть, что в делах денежных непременно должен быть чёткий порядок. Пословица означает, что нужно учитывать и анализировать свои расходы и доходы. Только так можно разбогатеть.

1. Всем известно, что деньги любят счёт. И это выражение относятся не только к нашим личным финансам. «Золотой стандарт» ограничивает количество находящихся в обращении бумажных денег золотым запасом государства. Он не позволяет правительству печатать столько денег, сколько ему заблагорассудится. Таким образом, учёт количества всех денежных средств государства помогает бороться с инфляцией.

단어 TIP!

относи́ться к чему ~에 해당되다 | ли́чные фина́нсы 개인금융 | золото́й станда́рт 금 본위제 | обраще́ние 유통 | золото́й запа́с 금 보유액 | заблагорассуди́ться 타당하다고 생각하다 | учёт 계산, 등록 | боро́ться с чем ~ 싸우다, 투쟁하다 | инфля́ция 인플레이션

2. Деньги любят счет: Одесса, Херсон и Днепр первыми на Украине завершили отопительный сезон. Несмотря на то, что центральное отопление жилых домов в этих городах планировалось до 10 апреля, в целях экономии бюджетных средств городскими советами было принято решение завершить отопительный сезон досрочно, 31 марта.

> **단어 TIP!**
>
> отопи́тельный сезо́н 난방 시즌 | центра́льное отопле́ние 중앙난방 | бюдже́тные сре́дства 예산 자금 | эконо́мия 절약 | городско́й сове́т 시의회 | досро́чно 지정된 시간 전에

출처: *tech.wikireading.ru*
fakty.ua

Урок 7. Посещение завода

Важные выражения
주요 표현

1. Я был бы вам о́чень призна́телен, е́сли бы вы организова́ли для нас посеще́ние заво́да.

2. Я мно́го слы́шал о высо́ком у́ровне рабо́ты специали́стов на э́том заво́де.

3. Ско́лько рабо́чих за́нято на произво́дстве?

4. Е́сли приня́ть во внима́ние годово́й объём проду́кции, то э́то хоро́ший результа́т.

5. Мне о́чень прия́тно, что вы обрати́ли на э́то внима́ние!

6. У нас о́чень высо́кая сте́пень очи́стки во́здуха.

7. На́ша компа́ния подде́рживает о́чень высо́кий станда́рт ка́чества.

8. На́ша компа́ния исполня́ет зака́зы для удовлетворе́ния вну́треннего спро́са и на э́кспорт.

9. Мы испо́льзуем высокока́чественное сырьё и са́мое совреме́нное обору́дование.

10. Мы гаранти́руем ка́чество на у́ровне мировы́х станда́ртов!

11. Я был о́чень рад побыва́ть у вас! Ва́ша компа́ния

произвела́ на меня́ о́чень хоро́шее впечатле́ние!

12. В про́шлом году́ мы внедри́ли но́вую техноло́гию и на́чали произво́дство но́вой моде́ли.

13. Жела́ю вам дальне́йшего разви́тия!

14. Несмотря́ на небольши́е пробле́мы, мы успе́шно заключи́ли догово́р.

15. Тре́бования те́хники безопа́сности не позволя́ют ходи́ть без ма́ски.

16. Принима́я во внима́ние на́ши договорённости, мы согла́сны с повыше́нием цен.

УРОК 8

협력 제안하기

Предложение сотрудничества

제 8과. 협력 제안하기

Диалог
기본대화

Давайте обсудим перспективы

Step 1

Партнёры обсуждают, какие перспективы сотрудничества между их компаниями они видят. Российская сторона предлагает два этапа сотрудничества.

А. А. Романов:	Мистер Ким, сегодня мы хотели бы обсудить с Вами перспективы нашего сотрудничества.
Ким Минсу:	Да, конечно, давайте обсудим. Мы очень заинтересованы в работе с вами. Мы убедились, что по сравнению с другими предприятиями, у вас отлично организован производственный процесс.
А. А. Романов:	Мы хотим предложить вам два этапа сотрудничества — закупки товара и создание совместного предприятия. Думаем, что такое сотрудничество станет хорошей возможностью для развития наших компаний.
Ким Минсу:	Это может быть интересно. Наша фирма

	рассма́тривает сейча́с разли́чные вариа́нты капиталовложе́ний.
А. А. Рома́нов:	Мы заинтересо́ваны в созда́нии це́ха по произво́дству ЛКМ на ба́зе на́шего заво́да и и́щем партнёра, кото́рый мог бы оказа́ть нам в э́том соде́йствие. В настоя́щее вре́мя у нас уже́ есть гото́вое помеще́ние, не́которые ви́ды обору́дования, как наприме́р, ёмкости для хране́ния сырья́.
Ким Минсу:	А какова́, по ва́шему мне́нию, должна́ быть наша роль в предприя́тии и до́ля уча́стия росси́йской стороны́?
А. А. Рома́нов:	С ва́шей стороны́ мы хоте́ли бы получи́ть техноло́гию, специа́льное обору́дование и не́которые компоне́нты, необходи́мые для произво́дства гото́вой проду́кции. Мы хоте́ли бы име́ть до́лю росси́йского капита́ла в разме́ре не ме́нее 60%.
Ким Минсу:	Основны́е при́нципы поня́тны. Мне ну́жно произвести́ расчёты и посове́товаться с руково́дством. Дава́йте встре́тимся за́втра и бо́лее конкре́тно обсу́дим как поста́вки проду́кции, так и возмо́жность созда́ния совме́стного предприя́тия.
А. А. Рома́нов:	Договори́лись. До за́втра!

제 8과. 협력 제안하기

Step 2

 **A** Новые слова

08-02

■ перспекти́ва		전망
перспекти́ва сотру́дничества		협력 전망

■ созда́ние совме́стного предприя́тия — 합작 기업 설립

■ на ба́зе　*чего*　근거지에서, ~의 기반으로

■ иска́ть/найти́ — 찾다, 구하다

■ партнёр — 파트너, 협력사

■ оказа́ть соде́йствие　*кому*　협력하다

■ разли́чный — 여러 가지의, 서로 다른

■ вариа́нт — 형태

■ капиталовложе́ние — 투자

■ помеще́ние — 장소, 수용 시설
помеща́ть/помести́ть　*куда*　넣다, 장소를 내주다, 게재하다

■ ёмкость — 용기, 용량
ёмкий — 용량이 큰

Урок 8. Предложение сотрудничества

■ хране́ние	보존, 보관, 저장
■ сырьё	원료
■ есте́ственно	당연히, 물론
■ рабо́чая си́ла	노동력
■ компоне́нт	성분
■ до́ля уча́стия	참여 지분
■ в разме́ре *чего*	~의 범위의, 크기의, 금액의

Step 3 Упражнения

1. Составьте предложения с использованием слов «возможность» и «шанс», используя следующие выражения в правильной форме.

Пример:
- У нас появился □ возможность открыть завод в России
→ У нас появилась хорошая возможность открыть завод в России.

제 8과. 협력 제안하기

1.
- У нас появился
- Нам предоставился
- Мы упустили
- Фирма воспользовалась
- У них нет

▫ возможность открыть завод в России.
▫ возможность продать акции.
▫ шанс взять кредиты.
▫ шансы победить в конкурентной борьбе
▫ возможность купить товары дёшево.

2. Составьте предложения с предлогом «по сравнению с», используя следующие выражения в правильной форме.

Пример:
- По сравнению с
  ▫ январь   ▫ в феврале наши продажи выросли
  → По сравнению с январём, в феврале наши продажи выросли.

1.	• По сравнению с	
	▫ январь	▫ в феврале наши продажи выросли
	▫ прошлый год	▫ экономическая ситуация улучшилась
	▫ продукция других фирм	▫ наши материалы лучше и дешевле
	▫ предыдущая модель	▫ новый телефон продаётся хуже

3. Составьте предложения, используя предлог «из-за» и следующие выражения в правильной форме.

Пример:
- Фирма прервала контракт из-за
▫ недоверие к партнёрам
→ Фирма прервала контракт из-за недоверия к партнёрам.

1.	• Фирма прервала контракт из-за *чего* • Мы потеряли много денег из-за *чего*	▫ недоверие к партнёрам ▫ низкое качество продукции

제 8과. 협력 제안하기

• Объём продаж упал из-за • Мы отказались от контракта из-за • Мы повысили цены из-за	▫ экономический кризис ▫ невыгодные условия ▫ повышение курса доллара

Step 4

Задание

Вы рассказываете партнёрам, какая именно их продукция вас заинтересовала, и уточняете подробности. Распределите между собой роли и составьте диалог, аналогичный Диалогу 1.

_____

_____

_____

_____

_____

_____

_____

_____

Урок 8. Предложение сотрудничества

Диалог
기본대화

Какой будет объём первого заказа?

Step 1

Партнёры обсуждают первый этап сотрудничества – поставку товаров. Андрей Романов сообщил, какие товары они планируют купить и каким требованиям они должны соответствовать.

08-03

Ким Минсу:	Андре́й Алекса́ндрович, вы уже́ вы́брали това́ры для на́шей пе́рвой поста́вки?
А. А. Романов:	Да, коне́чно. Для автомоби́льного произво́дства нам нужны́ катафоре́зный грунт и эма́ль жёлтого цве́та. А из строи́тельных това́ров нас интересу́ет огнезащи́тная кра́ска и гипсокарто́н.
Ким Минсу:	Отли́чно, ду́маю мы могли́ бы договори́ться о поста́вке э́тих материа́лов уже́ сего́дня.
А. А. Романов:	Э́то бы́ло бы прекра́сно. Скажи́те, а в ва́шем катало́ге ука́заны теку́щие це́ны?
Ким Минсу:	Бою́сь, что э́то ста́рые це́ны. Нам всё вре́мя прихо́дится корректи́ровать це́ны

	из-за роста цен на сырьё. Вот актуальный прайс-лист. Вы уже решили, какой будет объём первого заказа?
А. А. Романов:	Это отчасти зависит от того, какие цены вы нам предложите.
Ким Минсу:	Конечно. Но я должен вам сказать, что мы предлагаем довольно низкие цены по сравнению с другими поставщиками
А. А. Романов:	Да, я знаю, и всё же мне нужно время, чтобы решить вопрос окончательно. Поспешишь – людей насмешишь.
Ким Минсу:	Хорошо, конечно, мы подождём. А какие у вас показатели и параметры?
А. А. Романов:	Вот наши технические условия. Ваша продукция должна соответствовать всем требованиям.
Ким Минсу:	Мы подготовим для вас подходящий ассортимент на следующей неделе. Вас это устроит?
А. А. Романов:	Да, отлично.

Новые слова

- поставка   공급

- катафорéзный грунт — 전착도료

- огнезащи́тная крáска — 내화도료

- гипсокартóн — 석고보드

- теку́щие цéны — 현재 가격

- корректи́ровать — 수정하다, 정정하다

- актуа́льный — 현실의, 사실의

- отчáсти — 일부분, 어느 정도

- довóльно — 충분히, 필요한 만큼

  예) Он знал ру́сский язы́к довóльно хорошó, поэ́тому прекрáсно всё объясни́л нам. 그는 러시아어를 충분히 잘 알았기 때문에 모든 것을 우리에게 잘 설명해 주었습니다.

- всё же — 하지만, 그래도

  예) Мы заключи́ли не мнóго договóров, но всё же это былá полéзная вы́ставка. 계약은 많이 체결하지 못했지만 그래도 이 박람회는 유익했습니다.

- окончáтельно — 최종적으로 완전히

■ Поспеши́шь – люде́й насмеши́шь.	(속담) 서두르면 일을 그르친다.
■ показа́тели и пара́метры	기술항목 및 기준
■ техни́ческие усло́вия	기술적 요구사항
■ соотве́тствовать *чему* ~ всем тре́бованиям	부합하다, 대응하다 모든 요구조건에 부합하다
■ устра́ивать/устро́ить	만족시키다

> 예) Меня́ не устра́ивает э́то расписа́ние уро́ков.
> 저는 이 강의 시간표가 만족스럽지 않습니다.

Step 3 Упражнения

4. Составьте предложения с наречием «отчасти», используя следующие выражения в правильной форме.

Пример:
- Президент компании
  □ отчасти поддерживает   □ новый проект
→ <u>Президент компании отчасти поддерживает новый проект.</u>

1.

- Президент компании
- Наши российские партнёры
- Моя семья
- Новый совет директоров

▫ отчасти поддерживает	▫ наш план
▫ отчасти согласен	▫ моё решение
▫ отчасти против чего	▫ новая политика компании
▫ отчасти не доволен чем	▫ новый проект
	▫ производственный план

Step 4

Задание

Вы обсуждаете с партнёром объём закупаемой продукции и сроки принятия решения. Распределите между собой роли и составьте диалог, аналогичный Диалогу 2.

Урок 8. Предложение сотрудничества

Диалог
기본대화

Мы готовы принять ваше предложение

Step 1

08-05

Партнёры обсуждают второй этап сотрудничества – создание совместного предприятия. Они пришли к согласию о размерах инвестиций и долей, и договорились подписать протокол о намерениях.

Ким Минсу: Андре́й Алекса́ндрович, мы посчита́ли сто́имость инвести́ций в на́ше с ва́ми совме́стное предприя́тие. Ориентиро́вочная сто́имость обору́дования - 2 млн долл. Сто́имость предоставля́емого на́ми сырья́ при произво́дстве 3000 тонн гото́вой проду́кции в год – 1,5 млн долл. Таки́м о́бразом, на́ши затра́ты бу́дут вы́ше ва́ших затра́т, что не соотве́тствует до́лям уча́стия.

А. А. Романов: Мы могли́ бы купи́ть у вас часть обору́дования, обеспе́чив тем са́мым материа́льно свою́ до́лю.

219

Ким Минсу:	Такое решéние вопрóса, на наш взгляд, возмóжно. У нас ещё остаётся нерешённым вопрóс ры́нков сбы́та.
А. А. Романов:	В пéрвое врéмя óколо 30% продýкции бýдет реализóвываться в Россúи. Остальнáя часть бýдет экспортúроваться на ры́нки, котóрые удóбны для нас с тóчки зрéния геогрáфии и трáнспорта. Именно в э́ти региóны вам сейчáс слóжно реализóвывать свой товáр из-за большóй удалённости.
Ким Минсу:	Что ж, эта пропóрция разýмная. Пожáлуй, мы готóвы приня́ть вáше предложéние.
А. А. Романов:	Давáйте тогдá подготóвим и подпúшем протокóл о намéрениях, в котóром определúм цéли и срóки дальнéйшей рабóты.
Ким Минсу:	Не возражáю.

A Новые слова

08-06

- итáк   그래서, 그럼, 그러면

- ориентирóвочный   대체의, 대략의, 개략적인

■ означа́ть	의미하다, 뜻하다, 가리키다
■ затра́та	비용, 경비
■ соотве́тствовать	일치하다, 맞다, 부합하다
■ материа́льно	물질적으로, 금전적으로
■ на наш взгляд	우리 견해로는
■ остава́ться/оста́ться	남다, 남아 있다, 잔류하다
■ нерешённый вопро́с	해결되지 않은 문제
■ сбыт ры́нок сбы́та	매상, 판로 판매 시장
■ в первое время	처음에, 시초에
■ реализо́вываться/реализова́ться	실현하다, 판매되다
■ то́чка зре́ния *чего*	~의 관점에서, 입장에서
■ сло́жно	복잡하게, 복합적으로
■ удалённость	원거리

■ пропо́рция	균형, 조화, 비율
■ разу́мный	합리적인, 조리에 맞는
■ протоко́л протоко́л о наме́рениях	기록, 조서, 의정서 의향서, LOI(letter of intention)

Step 3 — Упражнения

5. Составьте предложения, используя, если необходимо, соответствующие падежи и предлоги.

Пример:
- (Какой) именно □ (продукция) вы будете заказывать?
→ Какую именно продукцию вы будете заказывать?

1.	▪ Какой(-ая,-ие) именно	▫ (лак) вам нужен? ▫ (товары) вас интересуют? ▫ (краска) вы хотите?
2.	▪ Нам нужен именно ▪ Я хочу именно ▪ Надо купить именно	▫ этот продукт и никакой другой ▫ эти станки, а не другие ▫ новая продукция, а не старая

6. Составьте предложения со словом «соответствовать», используя следующие слова и выражения в правильной форме.

Пример:
- Лак должен соответствовать   ▫ технические требования

→ Лак должен соответствовать техническим требованиям.

1.	• Лак должен соответствовать • Материалы должны соответствовать • Продукция должна соответствовать • Учебник должен соответствовать	▫ технические требования ▫ экологические нормы ▫ требования заказчика ▫ программа университета ▫ паспорт безопасности материалов

Step 4

Задание

Вам необходимо выяснить у партнёра подробные параметры продукции и объяснить, каким требованиям она должна соответствовать. Распределите между собой роли и составьте диалог, аналогичный Диалогу 3.

Урок 8. Предложение сотрудничества

Чтение
독해

Советы Романа Абрамовича

Step 1  Текст

08-07

Роман Абрамович — российский предприниматель, владелец многомиллиардного состояния, успех которого в деловой сфере очевиден. По данным на март 2017 года он занимает 12-ю позицию в российском рейтинге Forbes с суммой в 100 млн долларов.

В 1995 г. Абрамович приобрёл контрольный пакет акций нефтяной компании «Сибнефть» всего за 100,3 млн долларов. На тот момент компания стоила 2,7 млрд долларов и добывала ежегодно нефть на сумму около 3 млрд долларов.

В 2003-м олигарх приобрел за 140 млн фунтов стерлингов английский футбольный клуб «Челси» и фактически перебрался на жительство в Великобританию. В 2005 году он продал свой пакет акций (75,7%) компании «Сибнефть» «Газпрому» за 13,1 млрд долларов.

Роман Абрамович редко дает интервью и большую часть времени проводит в Лондоне, занимаясь развитием клуба «Челси». Сегодня мы предлагаем вам несколько советов и высказываний этого успешного человека о жизни и бизнесе.

1. Не делайте поспешных выводов. Эта привычка может усложнить жизнь двумя способами. Во-первых, мы полагаем, что знаем, что произойдет, поэтому отключаем свое внимание, и начинаем действовать на основе этого предположения. Люди — никудышные прорицатели. Большинство из их предположений неверно, а отсюда — неверны и их действия. Вторая сторона этой привычки — мы возомнили, что умеем читать мысли, и как будто бы знаем, почему другие люди делают, то, что они делают. Опять в корне неверно. Именно эта глупость разрушает отношения как никакая другая.

2. Не делайте из мухи слона. Многие раздувают смертельно-опасные катастрофы из мелких неудач, и соответствующим образом реагируют. Привычка делать из мухи слона порождает тревогу в ситуации, когда опасность либо не существует, либо настолько мала, что и беспокоиться не о чем. Почему они так делают? Кто знает? Может быть, чтобы выглядеть и чувствовать себя более важными. В любом случае, это настолько же глупо, насколько и пагубно.

3. Не придумывайте лишние правила. Огромная часть всех этих «надо» и «должен», с которыми вы носитесь, наверняка бесполезна. Все, что они вам дают, так это нервозность и чувство вины. Зачем? Следуя этим воображаемым правилам, вы забиваете мозг ненужными препятствиями и ребяческими порядками. А когда вы пытаетесь перенести эти правила на других, то превращаетесь в пугающего нудного нытика или самоуверенного фанатика.

4. Деньги не могут принести счастье. Независимость

— да, в какой-то степени.

5. Я всегда говорю «мы» о людях, с которыми работаю, почти никогда не говорю «я».

6. Сидеть тихо и не высовываться. Если вы ведёте бизнес слишком открыто, вокруг вас возникает шумиха, скандалы, разбирательства. Я считаю, что публично заявлять про свой бизнес не стоит.

7. Не надо принимать все близко к сердцу. Большинство людей, даже ваши друзья и коллеги, не говорят, не думают и не заботятся о вас 99% своего времени. Многие люди из вашей организации, или даже кто-то живущий по соседству, наверное, никогда о вас и не слышал. Жизненные подъемы и спады, теплота и равнодушие других людей не имеют лично к вам никакого отношения. Если они будут притворяться, это лишь заставит вас почувствовать себя более несчастными, чем нужно.

단어 TIP!

фунт сте́рлингов 파운드(영국 화폐 단위) | владе́лец состоя́ния 재산 보유자 | обще́ственность 사회계 | полага́ть 가정하다 | никуды́шный(=никуда́ не годный) 쓸모 없는 | прорица́тель 예언자 | в ко́рне 근본적으로 | возомни́ть 자만하다 | де́лать из му́хи слона́ 과장하다, 침소봉대 | раздува́ть 부풀리다 | па́губно 해롭게 | нерво́зность 초조, 안달, 신경과민 | ну́дный 따분한, 고리타분한 | ны́тик 투덜거리는 사람 | фана́тик 광신자, 열광자 | высо́вываться 몸을 내밀다, 나대다 | шуми́ха 큰 소동, 떠는 소리 | разбира́тельство 재판, 공판 | принима́ть бли́зко к се́рдцу 마음에 담아 두다 | подъём 진흥, 증진 | спад 불황, 부진, 슬럼프 | равноду́шие 무관심, 냉담

Step 2 — Упражнения

7. Отметьте правильные ответы на вопросы и утверждения галочкой (✓).

1. Почему не следует делать поспешных выводов?
1) Потому что это заставит вас почувствовать себя более несчастным. ( )
2) Потому что большинство из наших предположений неверно. ( )
3) Потому что так вы превратитесь в нудного нытика. ( )

2. Чем опасны лишние правила?
1) Они приводят к нервозности и чувству вины. ( )
2) Они порождают тревогу. ( )
3) Они разрушают отношения. ( )

3. Почему не надо принимать все близко к сердцу?
1) Потому что, если вы ведёте бизнес открыто, вокруг вас возникает шумиха. ( )
2) Потому что жизненные подъемы и спады других людей не имеют к вам отношения. ( )
3) Потому что деньги не могут принести вам счастья. ( )

Урок 8. Предложение сотрудничества

Step 3

Задание

Поделитесь с нами несколькими высказываниями людей, которых вы уважаете. Объясните, почему вам понравились эти высказывания.

제 8과. 협력 제안하기

Отдохнём! (Пословицы)
쉬어갑시다!

Поспешишь — людей насмешишь.
서두르면 일을 그르친다.

Смысл данной пословицы заключается в том, что спешка чаще всего приводит к плохим результатам. Всегда нужно принимать решения спокойно и тщательно обдумав.

1. Спешка и нервотрёпка - причины высокого давления, а значит инфарктов и инсультов. Врачи настоятельно рекомендуют научиться расслабляться и отвлекаться от работы. Неслучайно во время роста давления врачи советуют пациентам принимать не только лекарство от гипертонии, но и успокоительное. Мы не просто переживаем стресс, мы в нём живём и работаем, а значит надо замедлять темп. Врачи считают, что русская пословица «Поспешишь — людей насмешишь» никогда не теряла актуальности.

> **단어 TIP!**
>
> спéшка 서두름 | нервотрёпка 불안, 초조 | инфáркт 심근경색 | инсýльт 뇌졸중 | расслаблять(-ся) 긴장을 풀다 | высóкое давлéние(=гипертония) 고혈압 | успокоительное 안정제 | терять актуáльность 현실성을 잃다

230

2. Участникам пленарной сессии было предложено выбрать, что представляет главный риск для реализации национальных проектов. Запланированная скорость реализации особого беспокойства у аудитории не вызвала. Всего 4% участников дискуссии посчитало этот риск главным. «Насчет скорости реализации, это всегда очень оценочная история: быстрее, медленнее. Быстро - поспешишь, людей насмешишь. Медленно - увязнешь как в болоте», - прокомментировал премьер-министр Дмитрий Медведев.

단어 TIP!

пленáрная сéссия 총회 | реализáция 실현, 실시 | диску́ссия 토론, 논란 | счита́ть *что чем* 삼다, 꼽다 | насчёт *чего* ~관하여, ~대하여 | оцéночный 평가의 | увяза́ть 걸리다, 걸려 들다 | боло́то 늪, 습지

출처: *mediazavod.ru*
tass.ru

Важные выражения
주요 표현

1. У нас не́ было возмо́жности изучи́ть катало́г ва́шей проду́кции.

2. Нас заинтересова́ла проду́кция ва́шей компа́нии.

3. Мы мо́жем договори́ться о поста́вке э́тих това́ров.

4. Мы подгото́вим для вас прайс-лист с теку́щими це́нами.

5. Мне ну́жно вре́мя, что́бы реши́ть вопро́с оконча́тельно.

6. Мы предлага́ем ни́зкие це́ны по сравне́нию с други́ми поставщика́ми.

7. Не могли́ бы вы поподро́бнее рассказа́ть о ва́шей проду́кции?

8. Здесь не дано́ конкре́тных техни́ческих характери́стик.

9. Ва́ши проду́кты должны́ соотве́тствовать всем техни́ческим усло́виям.

10. Кака́я и́менно проду́кция вас интересу́ет?

11. Нам ну́жен и́менно э́тот проду́кт, а не друго́й.

12. Президе́нт компа́нии отча́сти подде́рживает но́вый прое́кт.

13. Экономи́ческая ситуа́ция улу́чшилась и на́ши прода́жи вы́росли.

14. Он приобрёл контро́льный паке́т а́кций всего́ за 1 млн до́лларов.

15. Не де́лайте из му́хи слона́.

16. Не принима́йте всё бли́зко к се́рдцу.

УРОК 9

주문하기

Оформление заказа

제9과. 주문하기

Диалог
기본대화

Мы хотим заказать эту продукцию

Step 1

Российская сторона сообщает, какие продукты она хочет приобрести у корейской компании. Партнёры обсуждают возможность заключения контракта.

А. А. Романов: Я изучи́л ассортиме́нт и прайс-лист проду́кции, кото́рую вы нам предлага́ете. Мы мо́жем офо́рмить зака́з сейча́с?

Ким Минсу: Безусло́вно. Ита́к, что вы хоти́те у нас приобрести́?

А. А. Романов: Мы хоти́м заказа́ть 20 тонн стеклова́ты. Да, и кро́ме того́, мы ку́пим 10 тонн гипсокарто́на станда́ртного разме́ра (длина́ 2500, ширина́ 1200, толщина́ 12,5 мм).

Ким Минсу: Извини́те, я не уве́рен, что гипсокарто́н сейча́с есть в нали́чии. Как говори́тся, семь раз отме́рь, оди́н раз отре́жь. Мне ну́жно прове́рить оста́тки на скла́де пе́ред заключе́нием контра́кта. Де́ло в том, что в после́днее вре́мя спрос на

	гипсокартон résко увеличился, и наши складские запасы распродаются очень быстро.
А. А. Романов:	Очень жаль. Как вы думаете, проблемы с наличием — это временная ситуация?
Ким Минсу:	Думаю, да. Мы уже увеличили объём производства и сможем обеспечить стабильные поставки. А какие-нибудь ещё товары вас интересуют?
А. А. Романов:	Пока нет. Я тогда попозже отдельно закажу контейнер гипсокартона. Прошу сообщить нам, когда проверите наличие гипсокартона на складе.

Step 2

 Новые слова

■ стекловата	글라스울
■ гипсокартон	석고보드
■ стандартный	표준적, 규격의
■ длина	길이
■ толщина	두께

- ширина́ — 너비

- быть в нали́чии — 재고가 있다

  예) Этого това́ра ча́сто нет в нали́чии.
  이 상품은 자주 재고가 없습니다.

- Семь раз отме́рь, оди́н раз отре́жь. — (속담) 돌다리도 두들겨 보고 건너라

- спрос увели́чился — 수요가 늘었다

- запа́с — 예비품, 재고품

- вре́менная ситуа́ция — 일시적인 상황

- обеспе́чивать/обеспе́чить — 보장하다, 공급하다

- стаби́льный — 안정적인

Step 3 Упражнения

1. Составьте предложения с выражением «оформить заказ», используя следующие слова и выражения в правильной форме.

Пример:
- оформить заказ на ▫ 150 тысяч тонн ▫ гипсокартон
→ <u>Мы оформили заказ на 150 тысяч тонн гипсокартона.</u>

1.	▪ Оформить заказ *на что*	
	▫ 150 тысяч тонн	▫ гипсокартон
	▫ поставка	▫ стекловата
	▫ разработка	▫ лакокрасочные материалы
	▫ вторая половина этого года	▫ программное обеспечение
	▫ третий квартал будущего года	▫ новый ассортимент

2. Составьте предложения со словом «спрос», используя следующие слова и выражения в правильной форме.

Пример:
- Спрос ▫ поливинилхлорид ▫ резко увеличиться
→ Спрос на поливинилхлорид резко увеличился.

1.

- Спрос *на что*

▫ поливинилхлорид	▫ резко увеличиться
▫ услуги турфирм	▫ значительно сократиться
▫ древесина	▫ заметно вырасти
▫ новое жильё	▫ катастрофически упасть

Step 4

Задание

Сообщите партнёру какую продукцию, в каком количестве вы хотели бы закупить. Выясните, есть ли эта продукция в наличии. Составьте диалог, подобный Диалогу 1.

_____
_____
_____
_____
_____

Урок 9. Оформление заказа

Диалог
기본대화

Мы хотим сделать повторный заказ

Step 1

Российская сторона планирует сделать повторный заказ, сообщает название и количество товаров.

А. А. Романов:	Мы были очень довольны нашим первым заказом. В этот раз мы хотим сделать повторный заказ и включить в него ещё и промышленные покрытия.
Ким Минсу:	Ну, что же, замечательно. Мы очень рады.
А. А. Романов:	Нам нужны порошковые краски и декоративные плёнки. Что касается порошковых красок, то нам подойдут только полиамидные. Мы уже выбрали товары по каталогу.
Ким Минсу:	Отлично.
А. А. Романов:	Тогда перейдём к конкретным цифрам. Мы закажем по 50 тысяч тонн красок и плёнки. По рукам?

제9과. 주문하기

Ким Минсу:	По рука́м! Кста́ти, е́сли вы возьмёте по 80 ты́сяч тонн, мы продади́м вам и то, и друго́е на 20 проце́нтов деше́вле.
А.А. Романов:	Звучи́т зама́нчиво, коне́чно, но нам пока́ так мно́го не на́до.
Ким Минсу:	Ну, как хоти́те.

Step 2

 Но́вые слова́

■ повто́рный зака́з	재주문
■ промы́шленные покры́тия	공업용 도료(코팅제)
■ порошко́вая кра́ска	분체 도료
■ декорати́вные плёнки	데코 필름(라미필름)
■ полиами́дный	폴리아미드의
■ по рука́м	그렇게 합시다, 계약합시다
■ зама́нчивый	매혹적인, 마음을 끄는
■ как хоти́те	원하시는 대로

Step 3  Упражнения

3. Составьте предложения с выражением «хотеть (решить) включить», используя следующие слова и выражения в правильной форме.

Пример:
- хотеть включить   ▫ этот вопрос   ▫ дискуссия
→ Наша делегация хотела бы включить этот вопрос в дискуссию.

1.	• хотеть(решить) • включить *что во что*	
	▫ этот вопрос ▫ порошковая краска ▫ ещё несколько продуктов	▫ план закупок ▫ заказ ▫ дискуссия

4. Составьте предложения с выражением «если говорить» или «что касается», используя следующие слова и выражения в правильной форме.

Пример:
- Что касается   ▫ торговля с Россией   ▫ мы очень довольны
→ Что касается торговли с Россией, то мы очень довольны.

제9과. 주문하기

1.
- Если говорить *о чём*
- Что касается *чего*

▫ торговля с Россией	▫ мы очень довольны
▫ встреча в Москве	▫ она состоится в мае
▫ закупки нефти	▫ мы её купим в Сибири
▫ наша компания	▫ она за торговлю с Россией
▫ наши планы	▫ мы сообщим о них позже

Step 4

Задание

Ваша компания планирует сделать повторный заказ, а ваши партнёры предлагают вам скидку в случае покупки нескольких товаров сразу. Составьте диалог, подобный Диалогу 2.

Урок 9. Оформление заказа

Диалог
기본대화

Когда ожидается поступление товара?

Step 1

А. А. Романов интересуется наличием гипсокартона на складе, сроками его поступления на склад, отгрузки и доставки.

А. А. Романов:	Помните, мы договаривались, что вы проверите наличие гипсокартона на складе? Он есть в наличии?
Ким Минсу:	Я как раз собирался звонить вам по этому вопросу! Сейчас весь гипсокартон продан, его нет в наличии. Но новая партия уже в производстве и будет готова на следующей неделе.
А. А. Романов:	Если задержка будет небольшой, то мы можем подождать. А когда гипсокартон поступит на склад, и когда вы сможете отгрузить его?
Ким Минсу:	Мы ожидаем поступление на склад уже в следующий понедельник. Отгрузку

제 9과. 주문하기

	сможем сделать в течение 2-х дней.
А. А. Романов:	Отлично! Ещё, подскажите, пожалуйста, какой примерно срок доставки?
Ким Минсу:	По нашему опыту, доставка до Москвы обычно занимает около десяти дней.
А. А. Романов:	Нас вполне устраивают такие сроки! Давайте оформим заказ!
Ким Минсу:	Спасибо! Мы вышлем вам на е-мейл все необходимые документы.

Step 2  A Новые слова

09-06

- собираться/собраться *что делать* ~을 하려고 하다

- по вопросу 관련하여

- партия (동종 물품의) 한 품목, 한 벌, 한 묶음

- в производстве 생산 중

- задержка 지연, 지체

- поступать/поступить на склад 입고되다

예) На склад поступи́ла небольша́я па́ртия това́ра.
소량의 제품이 입고되었습니다.

- отгрузи́ть   출고하다

Step 3 Упражнения

5. Составьте предложения с глаголом «устраивать», используя следующие слова и выражения в правильной форме.

Пример:
- я   ▫ вполне устраивать   ▫ этот договор
→ Меня вполне устраивает этот договор.

1.	• Я • Моя фирма • Мы	• Президент • Директор • Наши партнёры
	▫ вполне устраивает ▫ полностью устраивает ▫ отчасти устраивает	▫ качество ваших товаров ▫ этот договор
	▫ не совсем устраивает ▫ нисколько не устраивает	▫ ваше предложение ▫ такие поздние сроки ▫ объём вашего заказа

Step 4

Задание

Узнайте у собеседника о наличии товара, сроках его поступления на склад, отгрузки и доставки. Составьте диалог, подобный Диалогу 3.

Урок 9. Оформление заказа

Чтение
독해

Компания-единорог Wildberries делает владелицу миллиардером

Step 1  Текст

В этом году крупнейший в Рунете интернет-магазин Wildberries занял четвёртую строчку в рейтинге самых дорогих компаний Рунета по версии Forbes, получив оценку стоимости в 1,2 млрд долларов.

Единственным владельцем этой компании-единорога является её сооснователница Татьяна Бакальчук. Новая оценка стоимости компании позволяет оценить состояние Бакальчук в более чем 1 млрд долларов. Она становится второй женщиной-миллиардером в России. Год назад Бакальчук впервые вошла в список богатейших людей России с состоянием 600 млн долларов.

Свой бизнес преподаватель английского языка Татьяна Бакальчук основала вместе с мужем Владиславом в 2004 году. Изначально супруги занимались продажей женской одежды. Сегодня на сайте представлены различные категории товаров, в том числе игрушки, спортивное и детское питание, электроника, книги и т.д.

Гендиректор Wildberries признает, что конкурировать с крупными интернет-магазинами с иностранным составом учредителей и инвестициями, измеряемыми миллионами евро, было непросто. Нужно было придумывать новые конкурентные преимущества. «Другие компании запускали бесплатную доставку на один-три дня или неделю, — рассказывает Татьяна. — Мы, тщательно обдумав, ввели эту услугу сначала на лето, а потом и навсегда».

Это дало колоссальный отрыв от конкурентов. Постепенно в компании отказались от услуг сторонних логистических фирм, которые доставляли в регионы. Запустили собственную службу доставки и первые пункты выдачи заказов в Москве, Санкт-Петербурге и Екатеринбурге. «Два года назад их было триста, сейчас уже больше тысячи по всей стране», — гордится Татьяна.

Чтобы подстроиться под новые бизнес-процессы, потребовались дополнительные деньги. Бакальчуки кредитовались в крупнейших банках. Привлечение внешних инвесторов в Wildberries никогда не рассматривали, несмотря на большое число предложений.

Интерес внешних инвесторов объясняется просто: Wildberries чуть ли не единственный в России интернет-магазин, который приносит владельцам прибыль. Несколько лет назад прибыльность компании оценивали почти в 20% — цифра сумасшедшая, тем более для России. Даже супер-популярный на российском интернет-рынке магазин Lamoda до сих пор убыточен, его прибыль до вычета налогов по итогам 9 месяцев 2017 года составляет минус 76,5 млн евро. В то же время чистая прибыль Wildberries в 2017 году составила около 350 млн рублей.

Сегодня Wildberries называют маркетплейсом. «Не в чистом виде, — уточняет Татьяна Бакальчук. — Товар хранится у нас на складе и доставляется нашей логистикой. С договоров поставки мы перешли на договоры комиссии». Для поставщиков это очень выгодно. Так, с переходом «на комиссию» обувная сеть Zenden, которая работает с Wildberries около пяти лет, ожидает как минимум трёхкратного роста продаж. «Уже сейчас продажи через Wildberries сопоставимы с оборотом двух наших лучших офлайн-магазинов», — говорит Александр Сарычев, управляющий партнер Zenden. Основное преимущество онлайн-магазина — «безразмерная полка»: интернет-продажи не зависят от выкладки товара, покупатель сам выбирает по каталогу брендов.

Сегодня Wildberries торгует всем — от одежды и игрушек до спортивного питания и гаджетов. На сайте — около 2 млн посетителей ежедневно, они делают 160 000–180 000 заказов, а на пиках (распродажи, праздники) число заказов доходит до 300 000. Сожалеют Бакальчуки лишь о том, что не стали универсальным магазином гораздо раньше.

단어 TIP!

компа́ния-единоро́г 유니콘 기업, 가치가 10억 달러 이상인 스타트업 | Руне́т(=российский интернет) 러시아어로 된 인터넷 사이트의 집합 | сооснова́тель 공동 창시자 | гендире́ктор(=генеральный директор) 대표이사 | конкуре́нтные преиму́щества 경쟁 우위 | запуска́ть 가동시키다 | ввести́ услу́гу 서비스를 도입하다 | колосса́льный 거대한 | отры́в 이탈 | сторо́нний 외부의, 제3자 | логисти́ческая фи́рма 물류 회사 | пу́нкт вы́дачи зака́зов 주문한 상품을 받는 곳 | привлече́ние инве́сторов 투자자 유치 | при́быль до вы́чета нало́гов 세전 수익 | ма́рктеплейс 복수의 판매자가 상품을 판매하는 인터넷 쇼핑몰 (e-market place) | оборо́т 매출액, 거래액 | безразме́рный 정해진 크기가 없는, 무한의 | вы́кладка 진열, 배치 | га́джет 가젯, 작고 유용한 도구 또는 기계 | на пи́ке 피크 때, 성수기 때

Step 2  Упражнения

6. Отметьте правильные ответы на вопросы и утверждения галочкой (✓).

1. Кто является владельцем компании Wildberries?
   1) Татьяна Бакальчук и её муж Владислав ( )
   2) Татьяна Бакальчук ( )
   3) Владислав Бакальчук ( )

2. Что дало им колоссальный отрыв от конкурентов?
   1) бесплатная доставка товаров ( )
   2) продажа различных категорий товаров ( )
   3) кредитование в крупнейших банках ( )

3. Какие договоры заключает магазин с поставщиками?
   1) договор поставок ( )
   2) договор доставки ( )
   3) договор комиссии ( )

Урок 9. Оформление заказа

Step 3

Задание

Расскажите про известную Вам компанию-единорога. Как Вы думаете, что является успехом секрета таких компаний и чем они отличаются от других?

제 9과. 주문하기

Отдохнём! (Пословицы)
쉬어갑시다!

Семь раз отмерь, один раз отрежь.
돌다리도 두들겨 보고 건너라. (일곱 번 재고 한 번 잘라라.)

Пословица «семь раз отмерь, один раз отрежь» применяется как в прямом смысле, когда необходимо что-нибудь измерить, а потом отрезать, так и в переносном смысле, когда нужно что-либо сначала тщательно обдумать или проверить, и только потом действовать.

1. Арктика имеет значительные биологические и минеральные резервы — здесь много углеводородного сырья, но при этом все эти ресурсы очень уязвимы к неосторожной хозяйственной деятельности, поэтому действовать надо по старинной русской пословице: «семь раз отмерь, один раз отрежь».

단어 TIP!

углеводоро́дное сырьё 탄화수소 원료 (천연 가스, 석유 등) | уязви́мый 취약한 | хозя́йственная де́ятельность 경제활동

2. Специалисты компании «Ростехпроект» работают на основании полученной от заказчика документации. Если предоставленные данные достоверны, то наши проектировщики гарантируют правильность расчетов и выводов. Мы работаем по принципу: семь раз отмерь, — один раз отрежь, поэтому каждое действие проверяем несколько раз.

> 단어 TIP!
>
> на основа́нии чего ~을 토대로, ~에 근거하여 | проектиро́вщик 설계자, 기획자 | достове́рный 확실한, 믿을 수 있는 | вы́вод 결론

출처: *tass.ru*
rtp01.ru

Важные выражения
주요 표현

1. Я изучи́л ассортиме́нт проду́кции, кото́рую вы нам предлага́ете.

2. Мы бы хоте́ли офо́рмить зака́з пря́мо сейча́с.

3. Что вы хоти́те у нас приобрести́?

4. Э́тот това́р сейча́с есть в нали́чии?

5. Мне ну́жно прове́рить оста́тки э́того това́ра на скла́де.

6. Спрос на э́тот това́р в после́днее вре́мя си́льно увели́чился.

7. Мы смо́жем обеспе́чить стаби́льные поста́вки э́той проду́кции.

8. Мы о́чень дово́льны на́шим пе́рвым зака́зом и хоти́м сде́лать повто́рный зака́з.

9. Что каса́ется на́ших пла́нов, мы сообщи́м о них по́зже.

10. Дава́йте перейдём к конкре́тным ци́фрам.

11. Я как раз собира́лся звони́ть вам по э́тому вопро́су!

12. Сейча́с вся проду́кция про́дана, её нет в нали́чии.

13. Но́вая па́ртия това́ра уже в произво́дстве и бу́дет гото́ва на сле́дующей неде́ле.

14. Сообщи́те, пожа́луйста, когда́ това́р посту́пит на склад.

15. Когда́ вы смо́жете отгрузи́ть наш зака́з?

16. По нашему о́пыту, доста́вка до Москвы́ занима́ет о́коло двух неде́ль.

УРОК 10

가격 협상하기

Обсуждение цены

제 10과. 가격 협상하기

Диалог
기본대화

Давайте обсудим стоимость заказа

Step 1

10-01

Представитель российской стороны обращает внимание на повышение цен и просит объяснить причину. Ким Минсу объясняет причину и предлагает решение проблемы.

А. А. Романов: Давайте обсудим стоимость заказа. У меня есть несколько вопросов по этому поводу. Почему в вашем прайс-листе стоит одна цена на авторемонтные краски, а вы мне называете другую — на 23 процента выше?

Ким Минсу: Как я вам уже сказал, мы вынуждены минимум раз в квартал повышать цены с учётом инфляции.

А. А. Романов: Но рост ваших цен значительно опережает рост инфляции. Мне кажется, что ваши цены сильно завышены.

Ким Минсу: По сравнению с мировыми ценами, наши

	це́ны весьма́ уме́ренные.
А. А. Рома́нов:	Прости́те, но я не могу́ с ва́ми согласи́ться. Че́стно говоря́, мы мо́жем найти́ бо́лее ни́зкие це́ны у други́х на́ших торго́вых партнёров, наприме́р, в Кита́е.
Ким Минсу́:	Вы забыва́ете о ка́честве. Как изве́стно, це́ны во мно́гом зави́сят от ка́чества. А ка́чество на́шего това́ра — отли́чное.
А. А. Рома́нов:	Мо́жет быть, и так. Но це́ны на́ших кита́йских поставщико́в остаю́тся стаби́льными вот уже́ в тече́ние трёх лет. И ка́чество их проду́кции ничу́ть не ху́же.
Ким Минсу́:	Но мы обеспе́чиваем операти́вную техни́ческую подде́ржку! На́шими клие́нтами высоко́ оценена́ на́ша систе́ма подбо́ра цве́та. В сети́ мно́го положи́тельных о́тзывов. Если вы смо́трите то́лько на це́ны, то вы си́льно ошиба́етесь.
А. А. Рома́нов:	Мо́жет быть, мы всё-таки смо́жем с ва́ми договори́ться? В проти́вном слу́чае, мы не смо́жем вести́ с ва́ми торго́влю в бу́дущем.
Ким Минсу́:	А нам бу́дет не вы́годно продава́ть вам това́р по зани́женным це́нам. Я попро́бую поговори́ть на э́ту те́му с руково́дством. Мо́жет быть, президе́нт разреши́т мне пойти́ вам навстре́чу.

제 10과. 가격 협상하기

Step 2

 **A** Новые слова

10-02

■ вынужда́ть/вы́нудить вы́нужден (-а, -о, -ы)	~하게 하다, 강요하다, ~시키다 부득이하다
■ авторемо́нтная кра́ска	리피니쉬 도료, 자동차보수용도료
■ кварта́л раз в кварта́л = еженкварта́льно	분기 분기마다
■ с учётом　　　　чего	~를 감안하여
■ повыша́ть/повы́сить ↔ понижа́ть/пони́зить	인상하다, 올리다, 높이다 인하하다, 내리다, 낮추다
■ опережа́ть/опереди́ть　кого в чём	추월하다, 앞지르다
■ завыша́ть/завы́сить ↔ занижа́ть/зани́зить	실제보다 높이다, 지나치게 올리다 저평가하다
■ во мно́гом	많은 부분, 많이
■ зави́сеть　　　　от чего	~에 의하다, ~에 의지하다
■ исключи́тельный	이례의, 특별한

■ уме́ренный	알맞은, 적당한
■ ничу́ть не	결코, 도무지
■ техни́ческая подде́ржка	기술 지원
■ систе́ма подбо́ра цве́та	칼라 매칭 시스템
■ положи́тельный о́тзыв	긍적적인 평가, 호응
■ в проти́вном слу́чае	그렇지 않으면
■ идти́/пойти́ навстре́чу *кому*	(공감, 찬성하여) 협조하다, 양보하다

Step 3  Упражнения

1. Составьте предложения со словом «вынудить», используя следующие слова и выражения в правильной форме.

Пример:
- Мы вынудили
  □ наши партнёры   □ продать товар дёшево.
→ Мы вынудили наших партнёров продать товар дёшево.

제 10과. 가격 협상하기

1.
- Правительство вынудило
- Кредиторы вынудили
- Ситуация вынудила
- Президент вынудил
- Мы вынудили

▫ мы	▫ отказаться от кредитов
▫ наша фирма	▫ закрыть два завода
▫ его компания	▫ сократить производство
▫ их завод	▫ согласиться на их условия
▫ наши партнёры	▫ продать товар дёшево

2. Составьте предложения с выражением «в зависимости», используя следующие слова и выражения в правильной форме.

Пример:
- Ситуация меняется
  ▫ в зависимости от   ▫ спрос на товары
  → Ситуация меняется в зависимости от спроса на товары.

1.
- Условия договора изменятся
- Бизнес в России находится
- Ситуация меняется
- Мы можем увеличить заказ

Урок 10. Обсуждение цены

в зависимости *от чего*	политическая ситуация
	спрос на товары
	предложенные цены
	то, будет ли товар пользоваться спросом

Step 4

Задание

Вас не устраивают цены на товар, которые предлагают ваши партнёры. Попробуйте выяснить у них, почему цены такие высокие, и убедить их сделать вам скидку. Составьте диалог, подобный Диалогу 1.

Диалог
기본대화

Давайте увеличим заказ

Step 1

Ким Минсу выяснил у руководства, что снижение цен возможно только при увеличении объема заказа. А. А. Романов соглашается на увеличение.

А. А. Романов:	Господи́н Ким, была́ ли у вас возмо́жность обсуди́ть це́ны на авторемо́нтные кра́ски с ва́шим руково́дством?
Ким Минсу:	Да, мы поговори́ли об э́том с президе́нтом. Вас э́то мо́жет разочарова́ть, но президе́нт отказа́лся пони́зить це́ны. Пра́вда, он разреши́л мне сде́лать вам ски́дку, е́сли вы увели́чите свой зака́з.
А. А. Романов:	Мы и так уже́ зака́зываем сли́шком мно́го. Вы ведь не мо́жете наста́ивать на том, что́бы мы купи́ли бо́льше, чем нам ну́жно.
Ким Минсу:	Ну, послу́шайте, ско́ро ле́то. Э́то сезо́н прода́ж. Для подгото́вки к сезо́ну вам ну́жно име́ть значи́тельный запа́с то-

	ва́ров на скла́де, не та́к ли?
А. А. Рома́нов:	Ну, хорошо́. Я ду́маю, нам не име́ет смы́сла наста́ивать ка́ждый на своём. Дава́йте увели́чим заказ до 150 ты́сяч тонн. Наско́лько деше́вле вы тогда́ продади́те авторемо́нтные кра́ски?
Ким Минсу́:	На 10 проце́нтов. Вас э́то устро́ит?
А. А. Рома́нов:	Да, вполне́. Так и во́лки сы́ты, и о́вцы це́лы!
Ким Минсу́:	Ну и отли́чно.

А Но́вые слова́

10-04

■ руково́дство		지도부, 상부, 간부(들)
■ разочаро́вывать/разочарова́ть	кого́ в чём	실망시키다
■ отка́зываться/отказа́ться	от чего́	거절하다, 거부하다
■ де́лать/сде́лать ски́дку		할인하다
■ сли́шком		지나치게, 너무
■ наста́ивать/настоя́ть	на чём чтобы	주장하다, 고집하다, 강요하다

267

■ сезо́н прода́ж	판매 시즌, 성수기
■ не та́к ли?	그렇지 않습니까?
■ устра́ивать/устро́ить	만족하게 하다, 마음에 들게 하다
■ вполне́	충분히, 완전히
■ И во́лки сы́ты, и о́вцы це́лы.	(속담) 누이 좋고 매부 좋다.

Step 3 — Упражнения

3. Составьте предложения со словом «настаивать», используя следующие слова и выражения в правильной форме.

Пример:
- Наши партнёры ▫ настаивать ▫ подписание договора
→ Наши партнёры настаивают на подписании договора.

1.
- Наши партнёры
- Русские
- Клиенты
- Директор
- Корейская сторона

▫ настаивать *на чём*	▫ подписание договора ▫ увеличение заказа
	▫ более низкие цены ▫ повышение цен ▫ сокращение сроков отправки

4. Составьте предложения со выражением «иметь смысл», используя следующие слова и выражения в правильной форме.

Пример:

▪ Наша фирма   ▫ иметь смысл   ▫ импортировать уголь
→ Нашей фирме не имеет смысла импортировать уголь.

1.	▪ Наша фирма ▪ Эта компания ▪ Российские производители ▪ Директор завода ▪ Наши корейские партнёры	
	▫ иметь/не иметь смысл	▫ импортировать уголь ▫ покупать лес в Сибири ▫ продавать нефть по низким ценам.

제 10과. 가격 협상하기

	▫ принимать на себя ответственность

Step 4

Задание

Вы можете предложить скидку партнёрам только если они увеличат свой заказ. Объясните им эту ситуацию и постарайтесь уговорить их. Составьте диалог, подобный Диалогу 2.

Урок 10. Обсуждение цены

Диалог
기본대화

Мы хотим отменить заказ

Step 1

Российская сторона решает отменить заказ на один из товаров в связи с падением спроса.

А. А. Романов:	Я бы хотел внести некоторые поправки в наш заказ. Дело в том, что спрос на строительные материалы в России упал. Поэтому мы хотим отменить заказ на гипсокартон, но зато увеличить заказ на краски для автомобильных запчастей.
Ким Минсу:	Сколько же тонн вы хотите купить?
А. А. Романов:	Вместе с мастиками, скажем, тысяч 200.
Ким Минсу:	Отлично.
А. А. Романов:	Скажите, а если мы увеличим заказ, вы дадите нам скидку?
Ким Минсу:	Мы обычно не даём скидки на краску.
А. А. Романов:	Но мы же так много заказываем в этот раз! Наши другие поставщики всегда продают нам по более низкой цене, если заказ большой. Так ведут бизнес и ваши

| Ким Минсу: | конкуре́нты. Мы и так уже́ сде́лали вам мно́го усту́пок в хо́де перегово́ров, наприме́р, пошли́ навстре́чу со сро́ками... Ну, хорошо́. Поско́льку на́ши свя́зи обеща́ют быть весьма́ перспекти́вными, я, так и быть, дам вам ски́дку в 5 проце́нтов. |

Step 2  Но́вые слова́

■ вноси́ть/внести́ попра́вки	조정하다, 수정 사항을 추가하다
■ спрос спрос упа́л	수요 수요가 떨어졌다
예) В э́том сезо́не спрос на наш това́р ре́зко упа́л. 이번 시즌에는 우리 제품에 대한 수요가 급격히 떨어졌다.	
спрос вы́рос	수요가 증가했다
예) В про́шлом году́ спрос на коре́йскую кра́ску значи́тельно вы́рос. 작년에 한국산 페인트에 대한 수요가 상당히 증가했다.	
■ зато́	그 대신에, 하지만
■ масти́ка	점착제, 부착제
■ конкуре́нт	경쟁자

- усту́пка
  де́лать/сде́лать усту́пки
  идти́/пойти́ на усту́пку
  уступа́ть/уступи́ть

양보, 에누리
양보하다
양보하다
1) 양보하다, 양도하다
2) ~보다 못하다

예) Мы уступи́ли покупа́телю в цене́ и заключи́ли догово́р.
우리는 고객의 가격 조건 요구에 한발 물러선 후 계약을 체결했다.
Он уступи́л мне э́то ме́сто. 그가 나에게 이 자리를 양보했다.
На́ша проду́кция уступа́ет в ка́честве коре́йской.
우리의 제품은 한국 제품보다 품질이 떨어지다.

- в хо́де   *чего*   동안에, ~가 진행되는 중에

- обеща́ть/пообеща́ть быть   *каким*   ~될 예정이다, ~될 것 같다

예) Дождь ко́нчился и день обеща́л быть со́лнечным.
비가 그쳤고 곧 날이 화창해 질 것 같다.
Партнёры не соглаша́ются на на́ши усло́вия, поэ́тому э́ти перегово́ры обеща́ют быть сло́жными.
파트너가 우리 조건을 받아들이지 않아 이번 협상은 어려울 것으로 예상된다.

- так и быть   그렇다면 그렇게 합시다

예) Так и быть, мы вы́полним все ва́ши усло́вия.
그렇다면 그렇게 하시죠, 원하시는 조건을 다 들어드리겠습니다.

Step 3  Упражнения

5. Составьте предложения со словом «уступать/уступить» или выражениями «делать/сделать уступки», «идти/пойти на уступки», используя следующие слова и выражения в правильной форме.

Пример:
- Мы ▫ уступить *кому* ▫ качество продукции
→ Мы уступаем корейцам в качестве продукции.

1.	• Наши российские партнёры • Корейские поставщики • Мы • Наша компания	▫ уступать *кому* ▫ делать *кому* уступки ▫ идти *кому* на уступки
	▫ этот вопрос ▫ цена ▫ качество продукции ▫ условия договора	

Урок 10. Обсуждение цены

Step 4

Задание

Ваша компания решила отменить заказ. Объясните вашим партнёрам причину отмены, предложите им другие перспективы сотрудничества. Составьте диалог подобный Диалогу 3.

제 10과. 가격 협상하기

Чтение
독해

Ли Гонхи — самый известный бизнесмен Кореи.

 Step 1   Текст

10-07

Если провести опрос общественного мнения среди граждан Кореи, какая компания и какой бизнесмен являются, по их мнению, самыми известными, то подавляющее большинство укажут компанию «Samsung» и её председателя Ли Гонхи. И такой ответ будет вполне справедливым. Именно Ли Гонхи сделал группу компаний «Samsung» всемирно известным промышленным гигантом. Сам же он, по оценкам Forbes имеет чистую прибыль 12,6 млрд долл. и является одним из богатейших людей мира.

Ли Гонхи – третий сын основателя «Samsung» Ли Бёнчхоля. Он присоединился к «Samsung Group» в 1968 году и взял на себя председательство 1 декабря 1987 года, всего через две недели после смерти отца. В начале 1990-х «Samsung Group» была чрезмерно сосредоточена на производстве огромного количества некачественных товаров: компания не была готова конкурировать по качеству.

В 1993 году Ли Гонхи произнёс фразу, ставшую в последствии легендарной: «Измените всё, кроме вашей жены и детей» и, оставаясь верным своему слову, попытался глубоко реформировать корейскую корпоративную культуру, которая характеризовала «Samsung» до этого момента. В компанию были привлечены иностранные специалисты, а корейские сотрудники стали часто отправляться на стажировку за границу. Ли Гонхи способствовал развитию международного бизнеса в компании.

С этого же года он провозглашает «новое управление». Отправной точкой политики «нового управления» стала ориентация компании на «качество» вместо «количества». В случае возникновения брака производилась остановка производственной линии, а однажды, когда процент брака мобильных телефонов достиг 11,8%, была проведена церемония сожжения 150 тысяч единиц бракованной продукции.

Под руководством Ли Гонхи компания была преобразована из корейского локального производителя бюджетных продуктов в крупную международную корпорацию, и возможно, самый известный азиатский бренд во всем мире.

Слово «кризис» является ключевым понятием, наиболее точно отражающим его стиль управления, наиболее точно символизирует его. Даже когда «Samsung» успешно продавал полупроводники, и когда «Samsung» значительно вырос за счёт продаж мобильных телефонов, он говорил о кризисе. Он провозгласил «второе создание компании» через год после того, как стал председателем. Именно «второе создание компании» под лозунгом «Сделаем «Samsung» компанией мирового уровня» отражает его вызов кризисам и готовность к изменениям. Эти качества называют отличительными чертами его стиля управления.

В результате такого управления, в настоящее время одно

из дочерних предприятий группы, компания «Samsung Electronics», является сейчас ведущим разработчиком и производителем полупроводников в мире. Эта компания была включена в список 100 крупнейших корпораций в мире по версии Fortune в 2007 году. «Samsung Group» имеет мощное влияние на экономическое развитие Республики Корея, политику, средства массовой информации и культуры, и была главной движущей силой «Чуда на реке Ханган».

Несмотря на критику в отношении того, что Samsung испытывает трудности из-за высокой концентрации власти в руках председателя, «Samsung Group» не стала бы тем, чем она является сейчас, без его инноваций и способности к осознанию кризиса. Даже на данный момент Ли Гонхи остается одним из самых известных бизнесменов в Корее и талантливым руководителем.

단어 TIP!

подавля́ющее большинство́ 대다수 | гига́нт 거인, 거대한 것 | чи́стая при́быль 순수익 | брать/взять на себя́ 인수하다, 맡다 | чрезме́рно 과도하게 | сосредото́чивать/сосредото́чить 집결시키다 | конкури́ровать(НСВ만) по чему ~으로 경쟁하다 | легенда́рный 전설적인 | корпорати́вная культу́ра 기업문화 | характеризова́ть/охарактеризова́ть 특징짓다, 묘사하다 | провозглаша́ть/провозгласи́ть 선언하다 | отправна́я то́чка 출발점 | ключево́е поня́тие 핵심 개념 | отличи́тельная черта́ 독특한 점, 특징 | остано́вка 정지 | ориента́ция на что 활동 방향, 지향 | произво́дственная ли́ния 생산 라인 | лока́льный 현지의 | бюдже́тный 1) 예산에 관련된 2) разг. 저렴한, 저가의 (бюдже́тный проду́кт 저가의 제품, бюдже́тные сре́дства 예산 자금) | полупроводни́к 반도체 | вы́зов чему ~에 대한 도전 | мо́щный 강력한 | дви́жущая си́ла 추진력 | концентра́ция 집중

Урок 10. Обсуждение цены

> **여기서 잠깐!**

소수의 표기와 읽기

1. 소수의 표기

한국어	러시아어
1.2	1,2
1,000,000	1 000 000

2. 소수의 읽기

기수+ целая/целых +분수 표현
«부분»을 의미하는 часть가 생략된 형태로 읽음

예) 4,7
해석: Четыре целых части и семь десятых частей
읽는 방법: Четыре целых семь десятых

표기	해석	읽는 방법
0,1	0과 10분의1	ноль целых одна десятая
0,6	0과 10분의6	ноль целых шесть десятых
1,1	1과 10분의 1	одна целая одна десятая
3,2	3과 10분의2	три целых две десятых
7,5	7과 10분의5	семь целых пять десятых
0,03	0과 100분의 3	ноль целых три сотых
3,25	3과 100분의 25	три целых двадцать пять сотых
0,029	0과 1000분의 29	ноль целых двадцать девять тысячных
3,432	3과 1000분의 432	три целых четыреста тридцать две тысячных

제 10과. 가격 협상하기

3. 대단위 숫자의 표기와 읽기

표기	읽는 방법
1,2 тыс.	одна целая две десятых тысячи
3,6 млн	три целых шесть десятых миллиона
7,8 млрд	семь целых восемь десятых миллиарда
1,5 тыс.	полторы тысячи
2,5 млн	два с половиной миллиона
5,5 млн	пять с половиной миллионов

4. 소수의 퍼센트 (%) 표현

1,5% один с половиной процент = полтора процента
3,1% три целых одна десятая процента
6,9% шесть целых девять десятых процента

짧은 표현:
3,1% три и одна процента
6,9% шесть и девять процента

* 소수점 표현 다음에 나오는 단위는 기본적으로 단수생격을 쓴다.
　다만 с половиной가 결합될 경우에만 기수에 따라 단수생격 혹은 복수생격을 선택하여 쓴다.

Step 2  **Упражнения**

6. Отметьте правильные ответы на вопросы и утверждения галочкой (✓).

1. В начале 1990-х годов «Samsung Group» производила
   1) бытовую технику. ( )
   2) полупроводники. ( )
   3) множество некачественных товаров. ( )

2. Отправной точкой политики «нового управления» стало
   1) расширение ассортимента и увеличение производства. ( )
   2) ориентация на качество, а не на количество. ( )
   3) создание успешной дочерней компании Samsung Elec-tronics. ( )

3. Отличительными чертами стиля управления Ли Гонхи считаются
   1) вызов кризисам и готовность к изменениям. ( )
   2) политика нового управления. ( )
   3) мощное влияние на экономическое развитие Кореи. ( )

Step 3

Задание

Расскажите об известном бизнесмене, который вам нравится. Почему он вам нравится? Каковы отличительные черты его стиля управления?

Урок 10. Обсуждение цены

Отдохнём! (Пословицы)
쉬어갑시다!

И волки сыты, и овцы целы.
누이 좋고 매부 좋다. (늑대도 배가 부르고 양도 살아 있다.)

Пословица «И волки сыты, и овцы целы» используется для обозначения ситуации, удобной и выгодной для обеих сторон. Она означает положение, которое создается в результате стремления угодить людям с различными взглядами и интересами.

1. Депутаты стараются сделать так, чтобы и волки были сыты, и овцы целы. То есть, налогоплательщики стране нужны, однако немного людей доживают до шестидесяти пятилетнего возраста, оставаясь трудоспособными. Гражданам, утратившим трудоспособность, тоже часто повышают выплаты, а кто-то ведь должен пополнять бюджет страны. Поэтому за них «отдуваются» трудоспособные пенсионеры.

단어 TIP!

депута́т 국회 의원 | налогоплате́льщик 납세자 | трудоспосо́бный 근로 능력이 있는 | утра́тивший трудоспосо́бность 근로 능력을 상실한 | вы́плата 지원금 | пополня́ть/попо́лнить 충원하다, 보충하다 | бюдже́т 예산 | отдува́ться/отду́ться *за кого* 다른 사람 대신 일하다

283

2. По сведениям осведомлённых источников, предоставленных ТАСС, речь идет о расширении существующего санкционного списка в отношении граждан России еще на восемь человек.

Однако необходимость «сохранить лицо» перед США и, в какой-то мере, перед Украиной вынудила европейцев найти компромисс, при котором, как говорится, и волки будут сыты, и овцы останутся целыми. Сложно назвать санкциями внесение в список 8 россиян, которым и так, по роду службы, запрещено бывать за границей или иметь счета в зарубежных банках.

단어 TIP!

осведомлённый 통달한, 잘 아는 | источник 출처 | санкцио́нный 제재의 | сохраня́ть/сохрани́ть лицо́ 체면을 지키다 | вноси́ть/внести́ во что 집어넣다 | по ро́ду слу́жбы 직종 때문에

출처: 365news.biz
topcor.ru

Важные выражения
주요 표현

1. Давайте обсудим стоимость заказа.

2. Мы повышаем цены раз в квартал с учётом инфляции

3. Наши цены весьма умеренные по сравнению с мировыми.

4. Простите, но я не могу с вами согласиться.

5. Качество продукции других поставщиков ничуть не хуже, чем у вас.

6. Мы обеспечиваем оперативную техническую поддержку.

7. Я попробую поговорить на эту тему с руководством.

8. Думаю, мы сможем с вами договориться.

9. Мы можем пойти вам навстречу.

10. Мы можем сделать вам скидку, если вы увеличите заказ.

11. Лето — сезон продаж.

12. Нам нужно иметь значительный запас товаров

на складе.

13. Я бы хотел внести некоторые поправки в наш заказ.

14. Спрос на строительные материалы упал.

15. Мы и так уже сделали вам много уступок в ходе переговоров.

16. Поскольку наши связи обещают быть перспективными, я дам вам скидку в пять процентов.

УРОК 11

커미션과 결제조건 정하기

Комиссионные. Условия оплаты

제 11과. 커미션과 결제조건 정하기

Диалог
기본대화

Какой процент комиссионных вы предлагаете?

Step 1

11-01

Партнёры обсуждают размер комиссионных, которые корейская сторона предлагает посредникам. Ким Минсу идёт навстречу А. А. Романову и делает исключение для российских партнёров.

А. А. Романов: Как вы, вероя́тно, зна́ете, мы ведём би́знес на осно́ве комиссио́нных. Мне хоте́лось бы знать, како́й проце́нт комиссио́нных вы обы́чно допуска́ете для посре́дника.

Ким Минсу: Мы обы́чно не даём комиссио́нных посре́дникам. Но учи́тывая большо́й разме́р ва́шего зака́за, я дам вам 1% (оди́н проце́нт) комиссио́нных.

А. А. Романов: 1% (оди́н проце́нт) — э́то о́чень ма́ло. Други́е на́ши поставщики́ обы́чно даю́т нам 3% комиссио́нных. Нельзя́ ли пересмотре́ть ва́шу ци́фру?

Ким Минсу:	Ну, так и быть. Я сде́лаю для вас исключе́ние. Как насчёт 2% (двух проце́нтов)? Извини́те, но бо́льше я вам дать не могу́.
А. А. Романов:	Коне́чно, 2% (два проце́нта) — э́то малова́то... Мо́жет, всё-таки 3 (три)?
Ким Минсу:	Я вас о́чень хорошо́ понима́ю. Но по пра́вде говоря́, да́же 2% (два проце́нта) для нас исключе́ние. Я и так иду́ вам навстре́чу.
А. А. Романов:	Да... С ва́ми тру́дно торгова́ться, господи́н Ким. Мне придётся согласи́ться на ва́шу ци́фру.
Ким Минсу:	2% (два проце́нта) — э́то то́же непло́хо. Во вся́ком слу́чае, лу́чше, чем ничего́.
А. А. Романов:	Э́то ве́рно...
Ким Минсу:	У вас есть каки́е-нибу́дь вопро́сы по це́нам?
А. А. Романов:	Да ка́жется, нет. Там мы нашли́ с ва́ми о́бщий язы́к.
Ким Минсу:	Ну, тогда́ дава́йте обсу́дим сро́ки доста́вки и усло́вия опла́ты.
А. А. Романов:	Дава́йте.

제 11과. 커미션과 결제조건 정하기

Step 2

A Новые слова

- комиссио́нные — (중개) 수수료
- допуска́ть/допусти́ть   *до кого/чего,*   1) (통행, 입장, 면회 등)허가하다
  к кому/чему   2) (오류, 지체 등) 허용하다
  3) 가정하다

  допуска́ть до экза́менов — 시험을 치르게 하다
  допуска́ть оши́бки — 오류를 허용하다

  > 예) Допу́стим, что он не придёт. 그가 오지 않는다고 가정해보자.

- учи́тывать/уче́сть(учёл, учла́, учли́)   1) 정산하다
  2) 고려하다, 숙고하다

  > 예) уче́сть все расхо́ды 총 지출을 계산하다
  > уче́сть обстоя́тельства де́ла 사정을 고려하다
  > учи́тывать после́дствия 결과를 고려하다

- учи́тывая   *что*   ~을 고려하여
  = с учётом   *чего*

  > 예) учи́тывая созда́вшиеся обстоя́тельства 전후 사정을 고려하여

- пересма́тривать/пересмотре́ть — 다시 검사하다, 재심하다, 재토의하다

- торгова́ться/сторгова́ться   *с кем о чём*   ~와 ~에 대한 값을 흥정하다

- во вся́ком слу́чае — 여하튼 간에, 하여간, 어쨌든
  в кра́йнем слу́чае — 극단적인 경우에는

в лу́чшем слу́чае	최선의 경우에는
в ху́дшем слу́чае	최악의 경우에는
на кра́йний слу́чай	꼭 필요한 경우를 위해
на вся́кий слу́чай	만일의 경우를 위해

- найти́ о́бщий язы́к — 타협점을 찾아 내다

Step 3  Упражнения

1. Составьте предложения с выражением «допускать/допустить возможность», используя следующие слова и выражения в правильной форме.

Пример:
- Президент
  - допускать/допустить возможность
  - сокращение поставок

  → Президент допускает возможность сокращения поставок.

1.		
	• Наша сторона	допускать/допустить возможность *чего*
	• Президент	
	• Российские партнёры	
	• Конкуренты	

- компромисс с Москвой
- увеличение заказов в будущем
- оформление нового контракта
- сокращения поставок
- рост конкуренции в отрасли
- сделка на условиях заказчика

2. Составьте предложения с выражением «делать/сделать исключение», используя следующие слова и выражения в правильной форме.

Пример:
- Русские   ▫ делать/сделать исключение для
  ▫ корейские коллеги
  → Русские сделали исключение для корейских коллег.

1.	• Русские • Посредники • Мы • Наши партнёры • Поставщики	▫ делать/сделать исключение для *кого*

- корейские коллеги
- наша фирма
- русские
- мы
- наши партнёры

3. Составьте предложения с глаголом «торговаться», используя следующие слова и выражения в правильной форме.

Пример:
- Мы долго торговались ◦ они ◦ цены
→ Мы долго торговались с ними о ценах.

1.	• Мы долго торговались • Нам пришлось торговаться • Мы были вынуждены торговаться	◦ русские партнёры ◦ они ◦ Москва ◦ поставщики ◦ транспортная компания
	◦ цены ◦ размеры заказа ◦ комиссионные ◦ условия заказа ◦ стоимость доставки	

제11과. 커미션과 결제조건 정하기

Step 4

Задание

Вам необходимо получить комиссионные, но ваши партнёры не идут вам навстречу. Постарайтесь объяснить им сложившиеся обстоятельства и найти с ними общий язык. Составьте диалог, подобный Диалогу 1.

Урок 11. Комиссионные. Условия оплаты.

# Диалог
기본대화

Как вы принимаете оплату?

Step 1

Партнёры обсуждают, в какой форме корейская сторона может принять оплату за планируемый заказ.

11-03

А. А. Романов:	Скажи́те, пожа́луйста, вы принима́ете опла́ту в D/A и́ли в D/P?
Ким Минсу:	Стро́го говоря́, мы принима́ем опла́ту то́лько в аккредити́вах, опла́чиваемых по получе́нии докуме́нтов о доста́вке.
А. А. Романов:	Но откры́ть аккредити́в для тако́го большо́го зака́за – сли́шком до́рого. Это намно́го увели́чит о́бщую сто́имость зака́за.
Ким Минсу:	Прости́те меня́, но когда́ зака́з большо́й, мы наста́иваем на опла́те аккредити́вом. Как вам изве́стно, междунаро́дный валю́тный ры́нок подве́ржен колеба́ниям. Поэ́тому что́бы застрахова́ть себя́ от нежела́тельных после́дствий, мы не принима́ем опла́ту в D/A и́ли D/P.
А. А. Романов:	Я зна́ю, что аккредити́в гаранти́рует вам

защи́ту ба́нка. Но когда́ мы получа́ем аккредити́в, банк взыма́ет(=берёт) с нас за э́то пла́ту. Э́та процеду́ра сто́ит нам огро́мных де́нег и ска́зывается на обраще́нии капита́ла. Мо́жет быть, вы всё-таки прояви́те ги́бкость и пересмо́трите на́ше предложе́ние? Прими́те опла́ту в D/A и́ли в D/P.

Ким Минсу: Прости́те, но я не могу́. Я вы́нужден настоя́ть на аккредити́ве.

А. А. Рома́нов: Дава́йте пойдём друг дру́гу навстре́чу. Я приму́ ва́ше тре́бование и заплачу́ вам аккредити́вом, е́сли вы уско́рите доста́вку на ме́сяц.

Ким Минсу: Ну, ла́дно. Так и быть. Но име́йте в виду́, что мы должны́ получи́ть ваш аккредити́в за 30 дней до отпра́вки зака́за.

А. А. Рома́нов: Договори́лись.

Но́вые слова́

11-04

- принима́ть/приня́ть опла́ту *в чём* 또는 *чем* ↔ производи́ть/произвести́ опла́ту
- D/A (Document Against Acceptance) - докуме́нты про́тив акце́пта

지급 받다, 요금을 수령하다
지불하다
매출자나 수출상이 발행하는 화환어음의 인수만으로 선적서류를 내주는 것

- **D/P** (Document Against Payment) — докуме́нты против платежа́

  화환어음을 받은 은행이 어음 대금의 지급과 상환을 조건으로 선적서류를 인도하는 것

- **платёжное поруче́ние = аккредити́в**

  신용장 (Payment Order, LC)

- **наста́ивать/настоя́ть** *на чём*

  주장하다, 고립하다, 고수하다

- **колеба́ние**
  колеба́ться

  변동, 동요
  1) 동요하다
  2) 주저하다, 망설이다
  3) 변동하다, 변하다

  > 예) без колеба́ния 주저 없이
  > колеба́ние цен 가격의 변동
  > Це́ны на проду́кты всё вре́мя коле́блются.
  > 제품의 가격이 끊임없이 변동하고 있다.

- **страхова́ть/застрахова́ть** *кого/что от чего*
  страхова́ться/застрахова́ться

  보험에 가입하다, 예방하다
  보험에 들다

- **жела́тельный**
  жела́тельно

  바람직한
  바람직하다, 탐탁하다,
  마음에 들다

- **взима́ть = брать** *с чего*
  взима́ть нало́ги
  взима́ть штраф

  징수하다, 독촉하다, 받아내다
  세금을 징수하다
  벌금을 징수하다

- **ска́зываться/сказа́ться** *в/на ком/чём*

  나타나다

■ обращéние капитáла		자금 유통
обращáться	с кем	교제하다
	с чем	취급하다

■ проявля́ть/прояви́ть	что в чём	나타내다, 발휘하다

■ трéбовать/потрéбовать	чего	청구하다, 요구하다, 요청하다
трéбуется		필요하다, 필요로 하다

■ ускоря́ть/ускóрить	빨리하다, 촉진하다
	(시기를) 이르게 하다, 앞당기다

■ имéть в виду́	고려에 넣다, 염두에 두다

Step 3  Упражнения

4. Составьте предложения с выражением «настаивать/настоять», используя следующие слова и выражения в правильной форме.

Пример:
- Банк   □ настаивать/настоять   □ открытие нового счёта
→ Банк настоял на открытии нового счёта.

1.	• Банк • Президент • Кредитор • Заказчик • Клиент	▫ настаивать/настоять *на чём*
	▫ увеличение торговли с США ▫ открытие нового счёта ▫ уплата долгов ▫ расторжение контракта ▫ срочная отправка груза	

5. Составьте предложения с выражением «сказаться/сказываться», используя следующие слова и выражения в правильной форме.

Пример:
- Рост цен
  ▫ сказываться/сказаться   ▫ доходы населения
  → Рост цен сказывается на доходах населения.

1.	• Нестабильность курса валют • Рост цен • Сильная инфляция • Экономический кризис • Политическая ситуация в стране	▫ сказываться/сказаться *на чём*
	▫ экономика страны ▫ доходы населения ▫ объём экспорта ▫ потребление товаров ▫ экономическое развитие	

Step 4

Задание

Вам необходимо выяснить, в какой форме ваши партнёры могут принять оплату за товар, и сообщить им, какие условия желательны для вас. Объясните, почему вы настаиваете именно на таких условиях. Составьте диалог, подобный Диалогу 2.

Диалог
기본대화

В какой валюте вы хотите получить оплату?

Step 1

Партнёры обсуждают, в какой валюте им удобнее оплатить заказ и принять оплату.

А. А. Романов:	Давайте обсудим финансовую сторону вопроса. В какой валюте вы хотите получить оплату?
Ким Минсу:	А какие у вас есть варианты?
А. А. Романов:	Ну, мы могли бы заплатить вам в корейских вонах или в американских долларах.
Ким Минсу:	Я думаю, что нас устроят доллары США. С другой стороны, нам потребуется корейская валюта, когда мы будем расплачиваться с вами за вашу продукцию.
А. А. Романов:	Так что вы предлагаете?
Ким Минсу:	Тогда мы могли бы принять половину оплаты в долларах, а часть в вонах. Что вы думаете?

Урок 11. Комиссионные. Условия оплаты.

А. А. Романов:	Это было бы неплохо. Но позвольте мне проконсультироваться об этом с нашими бухгалтерами, хорошо? Кстати, когда вы сможете перевести деньги на наш счёт?
Ким Минсу:	Обычно это занимает около недели. Итак, когда мы сможем вернуться к этой теме?
А. А. Романов:	На следующей неделе. Это вас устроит?
Ким Минсу:	Хм-м. вообще-то, чем скорее, тем лучше. Как насчёт пятницы?
А. А. Романов:	Ну, хорошо. Договорились.

Новые слова

- **финансовая сторона**   재정적인 측면

- **валюта**   화폐

  예) В какой валюте вы хотите оплатить?
  어떤 화폐로 지불하시겠어요?
  платить в корейских вонах 한국 원화로 지불하다
  платить в рублях 러시아 루블로 지불하다

- **устраивать/устроить**   *кого*   ~에게 맞다, ~를 만족하게 하다

- **платить/заплатить**   *чем за что*   지불하다

303

제 11과. 커미션과 결제조건 정하기

예) плати́ть за вход 입장료를 지불하다
плати́ть нало́ги 세금을 내다
плати́ть долги́ 부채를 갚다

■ опла́чивать/оплати́ть   *что*   어떤 사물에 대해 지불하다
                                кого   어떤 사람에게 지불하다
                                             상환하다, 보상하다

예) пло́хо опла́чивают труд 노력에 상응해 보수가 나쁘다
оплати́ть рабо́чих 노동자에게 지불하다
оплати́ть убы́ток 손해를 보상하다

■ распла́чиваться/расплати́ться   *с кем/чем*   누구와 계산을 마치다, 청산하다
                                                 с кем   보복하다
                                                 за что   보답을 받다

예) распла́чиваться с долга́ми 빚을 청산하다

■ пла́та   지불, 요금, 임금, 보수
    опла́та   지불, 보수
    зарпла́та   급여

■ консульти́роваться/проконсульти́роваться   상의하다, 상담하다

■ бухга́лтер   회계사, 경리

■ занима́ть/заня́ть   차지하다, (시간이) 걸리다

■ чем~ тем...   ~할수록 ...하다

> 예) Чем бо́льше де́нег, тем лу́чше. 돈은 많을수록 좋다.
> Чем взросле́е, тем мудре́е. 사람은 나이가 들수록 지혜롭다.
> Чем бо́льше идёт дождь, тем холодне́е.
> 비가 많이 내릴수록 춥다.

Step 3  Упражнения

6. Составьте предложения с конструкцией «чем... тем...». Используйте следующие слова в правильной форме.

Пример:
- Чем ▫ маленький ребёнок ▫ тем ▫ трудный
→ Чем меньше ребёнок, тем труднее за ним ухаживать.

| 1. | ▪ чем | ▫ маленький ребёнок
▫ умный студент
▫ опытный работник
▫ взрослый человек
▫ большая страна
▫ жаркий климат | ▫ тем | ▫ интересный
▫ красивый
▫ умный
▫ трудный
▫ много
▫ лёгкий |

7. Составьте вопросы и ответы с использованием глагола «занимать/занять» в разных временах. Используйте следующие выражения в правильной форме.

Пример:
- учёба в университете ▫ занимать/занять ▫ 4 года
→ Сколько лет заняла у вас учёба в университете? Учёба заняла у меня четыре года.

1.	• учёба в университете • обучение на курсах • стажировка в России • приготовление торта • поездка в Сеул • полёт из Сеула в Москву • написание книги	▫ занимать/ занять	▫ 4 года ▫ 3 месяца ▫ полгода ▫ 5 часов ▫ 2 дня ▫ 9 часов ▫ целый год

Урок 11. Комиссионные. Условия оплаты.

Step 4

Задание

Уточните у партнёров, в какой валюте они могут принять оплату. Сообщите им, в какой валюте вам было бы удобнее оплатить и объясните причину. Составьте диалог, подобный Диалогу 3.

제11과. 커미션과 결제조건 정하기

Чтение
독해

Промышленные кластеры в России

Step 1  Текст

11-07

В современном обществе любая деятельность требует от нас сотрудничества и взаимодействия с другими людьми и организациями. Эпоха одиночек проходит. Взаимодействие открывает перед нами новые возможности и перспективы. Как говорится, один в поле не воин.

В промышленности тоже формируются новые формы сотрудничества, повышающие эффективность предприятий. Кластеры — тесно связанная между собой группа предприятий, выпускающая сходную продукцию. Компании, входящие в кластер, как правило, расположены недалеко друг от друга. В нем кооперируются не менее десяти предприятий, по крайней мере одно из них выпускает конечный продукт. Как минимум 20 процентов товаров, производимых одним из предприятий кластера, используют другие его участники, что повышает конкурентоспособность этих товаров. И не только на местном рынке, что достигается, в частности, объединением кадрового потенциала предприятий.

Что важно, совместная деятельность и потребность в товарах каждой из компаний кластера значительно уменьшает риски. Транспортные расходы и время доставки необходимых деталей резко снижаются. Тем самым уменьшаются затраты на выпуск товаров — расходы на перевозку, оборудование и пр. Недаром производительность труда в кластерах выше средней, нежели в регионах, где они находятся. И еще, не менее половины рабочих мест на предприятиях кластера — высокопроизводительные. Все это привлекает к сотрудничеству с кластерами крупных инвесторов.

Сегодня кластеры стали точками экономического роста ряда российских регионов. Например, это относится к промышленному электротехническому кластеру Псковской области. За последние два года электротехнический кластер Псковской области увеличил объем выручки в 1,9 раза, численность персонала и количество высокопроизводительных рабочих мест выросли на 23%. Уровень кооперации в кластере составляет 66%. На его базе по программе Минпромторга также реализуется несколько проектов общей стоимостью порядка 2 млрд рублей. Значительную сумму вложений составляют и частные инвестиции.

В 2018 году Минпромторг поддержал проекты развития девяти кластеров на общую сумму в 1,6 млрд рублей. Объем субсидий промышленных кластеров на 2019 – 2022 годы, утвержденных конкурсной комиссией министерства по отбору совместных проектов участников, составил 4,7 млрд рублей. Комиссия одобрила 17 проектов. При этом объем внебюджетных инвестиций в данные проекты достигнет в ближайшие годы почти 14 млрд.

Формирование промышленных кластеров — один из эффективных инструментов вовлечения малого и среднего бизнеса, научно-образовательных учреждений в кооперационные цепочки крупных промышленных предприятий. Минпромторг России оценивает создание промышленных кластеров, как один из наиболее эффективных способов формирования точек роста экономик регионов, а также обеспечения социально-экономической стабильности в моногородах.

Всего за три года в 28 регионах России объединились в промышленные кластеры для совместной деятельности порядка 1500 предприятий с объемом выпуска продукции на сумму свыше 1,3 трлн рублей. Можно сказать, что на сегодняшний день, инвестиции в промышленные кластеры оцениваются как наиболее перспективные и привлекательные вложения для российских и иностранных инвесторов.

단어 TIP!

эпо́ха 시대 | одино́чка 외톨이, 고독한 사람 | Оди́н в по́ле не во́ин. (속담) 독불장군은 없다. | промы́шленный кла́стер 산업 클러스터 | коопери́роваться 조합이 되다 | коне́чный проду́кт 완제품 | конкурентоспосо́бность 경쟁력 | производи́тельность труда́ 노동 생산성 | высокопроизводи́тельный 생산율이 높은 | электротехни́ческий 전기공학의 | минпромто́рг(=министерство промышленности и торговли) 산업무역부 | вложе́ние 투자 | субси́дия 보조금 | внебюдже́тный 국가 예산에서 지원되지 않은, 예산 외의 | расширя́ть прису́тствие 점유율을 높이다(확대하다) | моного́род 한 가지 산업만이 발달된 도시

Урок 11. Комиссионные. Условия оплаты.

Step 2  Упражнения

8. Отметьте правильные ответы на вопросы и утверждения галочкой (✓).

1. Как связаны друг с другом предприятия, входящие в один кластер?
   1) Они связаны контрактными отношениями. ( )
   2) Они являются частью одной крупной корпорации. ( )
   3) Они производят сходную продукцию. ( )

2. Что привлекает крупных инвесторов к сотрудничеству с кластерами?
   1) повышение кадрового потенциала ( )
   2) высокая производительность труда в кластерах ( )
   3) высокая конкурентоспособность товаров ( )

3. Как Минпромторг России поддерживает развитие промышленных кластеров?
   1) предоставляет субсидии наиболее перспективным из них ( )
   2) предоставляет площадки для формирования кластеров ( )
   3) помогает привлекать внебюджетные инвестиции ( )

Step 3

Задание

Есть ли промышленные кластеры в Корее? Расскажите про какой-нибудь известный промышленный кластер в Корее или в другой стране. Как вы думаете, почему кластеры эффективны?

Урок 11. Обсуждение цены

Отдохнём! (Пословицы)
쉬어갑시다!

Один в поле не воин.
독불장군은 없다. (혼자서는 아무것도 할 수 없다.)

Пословица «Один в поле не воин» обычно призывает к коллективным действиям как заведомо более успешным. Также, с помощью этой пословицы с сожалением комментируют безуспешные усилия человека, который пытается что-то сделать один.

1. В Пензенской области для товаров фермеров создадут экобренд. Глава области отметил, что «один в поле не воин», поэтому самый эффективный путь для развития малых сельскохозяйственных предприятий – это кооперация. Ведь в одиночку фермеры не могут дать ни необходимых для выхода на рынок объёмов, ни брендирования, ни раскрутки.

단어 TIP!

фе́рмер 농부 | экобре́нд 친환경 브랜드 | коопера́ция 협력 | в одино́чку 혼자서 | вы́ход на ры́нок 시장 진출 | бренди́рование 브랜딩 | раскру́тка 판촉 활동

2. В области культуры не хватает мощных лидеров, но они есть. Более того, пословица «один в поле не воин», которая к лидерам имеет прямое отношение, иногда доказывает, что, если лидер мощный, то он и один в поле воин. Иногда один человек может преобразить огромные территории, огромные регионы. И воля одного человека, к которому потом присоединяются многие другие, которых он заряжает своей энергией, своей харизмой, своей верой во что-то, полностью преображает мир.

> **단어 TIP!**
>
> не хвата́ть 부족하다 | мо́щный 위력 있는 | име́ть отноше́ние 관계가 있다, 관련하다 | дока́зывать/доказа́ть 증명하다 | преобража́ть/преобрази́ть 변형시키다 | во́ля 의지 | заряжа́ть 충전하다, 채우다 | хари́зма 카리스마

출처: *penza-press.ru*
fedpress.ru

Урок 11. Комиссионные. Условия оплаты.

Важные выражения
주요 표현

1. Вы принима́ете опла́ту в аккредити́вах?

2. Междунаро́дный валю́тный ры́нок подве́ржен колеба́ниям.

3. Мы бы хоте́ли застрахова́ть себя́ от нежела́тельных после́дствий.

4. Аккредити́в гаранти́рует нам защи́ту ба́нка.

5. Мо́жет быть, вы проя́вите ги́бкость и пересмо́трите на́ше предложе́ние?

6. Дава́йте пойдём друг дру́гу навстре́чу.

7. Мы принима́ем ва́ши тре́бования.

8. Дава́йте обсу́дим фина́нсовую сто́рону вопро́са.

9. Каки́е у вас есть вариа́нты?

10. В како́й валю́те вы хоти́те получи́ть опла́ту?

11. Мы могли́ бы приня́ть опла́ту в до́лларах.

12. Нам пона́добятся во́ны, когда́ мы бу́дем распла́чиваться с ва́ми за ва́шу проду́кцию.

13. Когда́ вы смо́жете перевести́ де́ньги на наш счёт?

14. Когда́ мы смо́жем верну́ться к э́той те́ме?

15. Чем скорée, тем лýчше!

16. Рост цен скáзывается на дохóдах населéния.

УРОК 12

포장, 운송하기
Упаковка. Транспортировка

Диалог
기본대화

Как вы обычно транспортируете лакокрасочные материалы?

Step 1

Партнёры обсуждают способы упаковки и перевозки товаров, которые планируют заказывать.

12-01

А. А. Романов:	Дава́йте проговори́м о транспортиро́вке лакокра́сочных материа́лов. Как вы их обы́чно транспорти́руете?
Ким Минсу:	Что каса́ется кра́ски, то мы перево́зим её в герметичных бо́чках, обрабо́танных антикоррозийным покры́тием, по мо́рю.
А. А. Романов:	В рефконте́йнере?
Ким Минсу:	Коне́чно. Мы стара́емся стро́го следи́ть за э́тим. Осо́бенно, при перево́зке кра́ски на во́дной осно́ве, тре́буется определённая температу́ра в конте́йнере. Рефконте́йнер помога́ет подде́рживать температу́ру хране́ния кра́ски при перево́зке не ни́же 15 гра́дусов.
А.А. Романов:	Кста́ти, како́й станда́ртный объём одно́й

	бо́чки?
Ким Минсу:	Объём 2 кубоме́тра. В одну́ бо́чку умеща́ется 200 кг кра́ски. Это удовлетворя́ет ГОСТ-у.
А. А. Романов:	Отли́чно. Зна́чит, де́сять тонн кра́ски, кото́рые мы у вас покупа́ем, мо́жно перевезти́ в 50 бо́чках.
Ким Минсу:	Да, абсолю́тно то́чно.
А. А. Романов:	Ещё меня́ интересу́ет, как вы упако́вываете таки́е мя́гкие материа́лы, как волокно́. Вы не могли́ бы немно́го рассказа́ть об э́том?
Ким Минсу:	Да, коне́чно. Мы перекла́дываем волокно́ бума́гой и паку́ем его́ в полиэтиле́новые паке́ты. Транспорти́руем в про́чных карто́нных коро́бках с то́лстыми сте́нками.
А. А. Романов:	Нет ли опа́сности, что в коро́бки прони́кнет вла́га?
Ким Минсу:	Не волну́йтесь об этом, упако́вка доста́точно про́чная, что́бы защити́ть това́р от вла́ги. Кро́ме того́, ваш зака́з бу́дет отпра́влен по су́ше (ваш груз – сухопу́тный), поэ́тому прямо́й угро́зы вла́ги не бу́дет.
А. А. Романов:	Да, ка́жется, вы пра́вы. И ещё оди́н во-

прос: вы помеча́ете коро́бки си́мволами и на́дписями «Осторо́жно, не кантова́ть!» или «Бере́чь от вла́ги» и так да́лее?

Ким Минсу́: Коне́чно. Не беспоко́йтесь, всё бу́дет сде́лано, как на́до, у нас стро́гий контро́ль.

Step 2

A Но́вые слова́

■ транспортиро́вка	수송, 운송
транспорти́ровать	수송하다
■ перевози́ть/перевезти́	수송하다, 운반하다
■ бо́чка	드럼통
■ гермети́чный	공기가 통하지 않은, 밀폐된
■ корро́зия	부식, 침식
антикоррози́йный	방부의
■ рефконте́йнер	냉방 컨테이너
(=рефрижера́торный конте́йнер)	
■ стро́го следи́ть за чем	엄격하게 관리하다
стро́гий контро́ль за чем	엄격한 관리

Урок 12. Упаковка. Транспортировка.

осуществлять контроль	관리하다
■ краска на водной основе = водорастворимая краска	수용성 도료
■ поддерживать/поддержать	유지하다, 지지하다
■ удовлетворять *чему*	만족시키다, 충족시키다
■ объём	부피, 용량
■ кубометр	세제곱 미터
■ ГОСТ(=государственный стандарт)	국가 규격
■ абсолютно	절대적으로, 단호히
■ волокно	섬유, 실
■ перекладывать/переложить 1) *что куда* 2) *что чем*	옮기다 사이에 (끼워)넣다

예) Я переложил книгу со стола на полку.
   나는 책을 책상에서 책장으로 옮겼다.
   Чтобы тарелки не разбились, она переложила их газетными листами.
   그녀는 접시가 깨지지 않도록 접시 사이에 신문지를 끼워 넣었다.

- полиэтиле́новый — 비닐의

- карто́нный — 합지로 만든
  карто́н — 합지, 두꺼운 종이

- про́чный — 견고한, 단단한
  про́чность — 강도, 견고성

- опа́сный — 위험한
  опа́сность — 위험

- проника́ть/прони́кнуть — 침투하다, 스며들다

- вла́га — 수분, 습기
  вла́жный — 수분의

- сухопу́тный — 육지로 이동하는
  су́ша — 육지

- угро́за — 위협, 우려
  угрожа́ть — 위협하다

- помеча́ть/поме́тить — 기호를 달다, 표시하다

- си́мвол — 기호, 상징

- на́дпись — 서명, 비명, 겉에 쓴 글

■ беспоко́иться   *о ком/чём*   걱정 (근심)하다, 고민하다

Step 3  Упражнения

1. Составьте предложения со словами «следить» и «контроль». Используйте следующие слова и выражения в правильной форме.

Пример:
- Необходимо   ▫ следить   ▫ наши конкуренты
→ Необходимо следить <u>за нашими конкурентами</u>.

1.			
	■ Необходимо ■ Нам нужно ■ Мы будем ■ Просим вас	▫ следить за *кем/ чем*	▫ наши конкуренты ▫ качество продукции ▫ ситуация на рынке ▫ динамика цен
	■ Они ведут ■ Я осуществляю ■ Он установил ■ Мы ввели	▫ контроль *чего*	▫ своевременная доставка ▫ посещаемость ▫ опоздания на работу ▫ качество товара

2. Составьте предложения со словами «опасность», «возможность», «угроза». Используйте следующие слова и выражения в правильной форме.

Пример:
- До сих пор ▫ существовать ▫ опасность ▫ банкротство
→ До сих пор существует опасность банкротства.

1.	• До сих пор • Всё ещё • Пока	▫ существовать ▫ быть ▫ иметься
	▫ опасность *чего* ▫ возможность *чего* ▫ угроза *чего*	▫ потеря рынка в России ▫ банкротство ▫ сокращение производства ▫ уход с поста директора ▫ мирное решение проблемы

Step 4

Задание

Выясните у ваших поставщиков, как они планируют транспортировать ваш груз, каков объём и тип упаковки, и нет ли опасности при транспортировке. Составьте диалог, подобный Диалогу 1.

Диалог
기본대화

Какие способы доставки вы можете предложить?

Step 1

Партнёры обсуждают, какими способами может быть доставлен планируемый заказ. Они выбирают оптимальный способ доставки в зависимости от объёма и срочности заказа.

12-03

А. А. Романов: Скажи́те, каки́е спо́собы доста́вки зака́за вы мо́жете нам предложи́ть?

Ким Минсу: Мы рабо́таем с не́сколькими компа́ниями-перево́зчиками и предлага́ем разли́чные спо́собы доста́вки в зави́симости от запро́сов клие́нтов. Каки́е сро́ки доста́вки вас устро́ят?

А. А. Романов: У нас сейча́с офо́рмлено два зака́за. Оди́н из них — на кру́пную па́ртию кра́ски. Для э́того зака́за нам необходи́мо обеспе́чить наибо́лее дешёвую доста́вку, поско́льку цена́ това́ра не высо́кая, да и пик прода́ж на э́тот това́р бу́дет то́лько ле́том,

	скорость доставки не очень важна.
Ким Минсу:	В таком случае, предлагаю вам доставку морем до Владивостока, а дальше – железной дорогой по России. Такая доставка займёт около полутора месяцев, но, как говорится, тише едешь — дальше будешь. Если груз не срочный, то это оптимальный способ доставки — недорогой и надёжный.
А. А. Романов:	Хорошо, так и сделаем. А второй заказ у нас на небольшую партию эмали. Вот она нужна нам как можно быстрее.
Ким Минсу:	Для небольшой партии эмали оптимальна авиа-доставка. Мы отправляем авиа-грузы на Москву каждую пятницу. Вы получите этот груз уже на следующей неделе. Доставка занимает всего 3-4 дня.
А. А. Романов:	О, это отлично!
Ким Минсу:	Да, у нас хорошо налажена работа с компаниями-перевозчиками, доставляем чётко и быстро.
А. А. Романов:	Вы просто молодцы! С вами действительно приятно работать!

Step 2 — A Новые слова

- компа́ния-перево́зчик — 운송업체
- в зави́симости *от чего* — ~에 따라
- запро́с — 질문, 요청
- устра́ивать/устро́ить *кого* — 만족시키다
- кру́пный — 대 규모의, 큰
- па́ртия *чего* — (상품에 대해) 한 묶음, 한 떼
- необходи́мо — 반드시 필요하다
- обеспе́чивать/обеспе́чить — 보장하다, 확실하게 하다
- пик — 피크, 성수기
- доста́вка — 배달, 운송
  доставля́ть/доста́вить — 배달하다, 운송하다
  доста́вка мо́рем(=по мо́рю) — 해운
  доста́вка желе́зной доро́гой(=по желе́зной доро́ге) — 철도 운송
  доста́вка самолётом — 항공 운송
  а́виа-доста́вка — 항공 운송

Урок 12. Упаковка. Транспортировка.

- как мо́жно+ 형용사 비교급   최대한~, 될 수 있는 대로

  예) Приходи́ как мо́жно быстре́е. 최대한 빨리 와!

- Ти́ше е́дешь – да́льше бу́дешь.   (속담) 급할수록 돌아가라.

- оптима́льный   최적의, 최상의

- нала́живать/нала́дить   조정하다, 상태를 좋게 하다

- чёткий   정확한, 명확한

- молоде́ц   잘 하는 사람, 훌륭한 사람

  예) Како́й ты молоде́ц! Всё уже́ сде́лал! 훌륭해! 벌써 다 했다니!

Step 3  Упражнения

3. Соста́вьте предложе́ния с выраже́нием «в зави́симости от». Испо́льзуйте выраже́ния в пра́вильной фо́рме.

Приме́р:
- Мы предлага́ем
  □ спо́соб доста́вки   □ в зави́симости от   □ запро́сы покупа́телей
  → Мы предлага́ем разли́чные спо́собы доста́вки в зави́симости от запро́сов покупа́телей.

1.	• Мы предлагаем	▫ категория товара
		▫ способ доставки
		▫ ассортимент продукции
		▫ условия договора
	▫ в зависимости от *чего*	▫ запросы покупателей
		▫ требования заказчиков
		▫ экономическая ситуация
		▫ срочности доставки
		▫ бюджета компании

4. Ответьте на вопрос «Какой способ доставки вы предлагаете?» используя следующие слова и выражения в правильной форме. Начните предложение с выражения «Мы предлагаем...»

Пример:
  • Мы предлагаем   ▫ авиа-доставка   ▫ срочные грузы
  → Мы предлагаем авиа-доставку для срочных грузов.

1.	• Авиа-доставка	▫ срочные грузы
	• Доставка самолётом	▫ крупный груз
	• Доставка морем (по морю)	▫ цистерны с краской
	• Доставка железной дорогой (по железной дороге)	▫ маленький и срочный заказ

• Доставка по материку • Сухопутная доставка	▫ контейнер с волокном ▫ бочки с эмалью ▫ рефконтейнер с рыбой

Step 4

Задание

Обсудите с поставщиком (или с покупателем) груза, какие возможны способы доставки заказа и какие есть особенности у каждого из этих способов. Составьте диалог, подобный Диалогу 2.

Диалог
기본대화

Каков порядок оформления документов на груз?

Step 1

Ким Минсу подробно рассказывает А. А. Романову о порядке оформления документов на груз и таможенных пошлинах.

А. А. Романов:	Объясните, пожалуйста, поподробнее, каков порядок оформления документов на груз?
Ким Минсу:	Да, пожалуйста, а что именно вас интересует?
А. А. Романов:	Берёте ли вы на себя полностью оформление экспорта, и какие документы мы должны вам предоставить?
Ким Минсу:	Да, конечно, у нас с вами договор на условиях FOB, поэтому мы сами оформляем экспорт из Кореи. После упаковки груза мы отправляем упаковочный лист и инвойс, по которому вы производили оплату, таможенному агенту, и получаем от него

экспортную деклара́цию. Когда́ груз бу́дет по́лностью офо́рмлен, мы пришлём вам её и тра́нспортную накладну́ю. На основа́нии э́тих докуме́нтов вы смо́жете растамо́жить груз в Росси́и.

А. А. Рома́нов: Спаси́бо за разъясне́ния. Тепе́рь мне всё поня́тно. Интере́сно, а в Коре́е высо́кие тамо́женные по́шлины?

Ким Минсу́: В Коре́е нет э́кспортных по́шлин. На́ша эконо́мика ориенти́рована на э́кспорт, поэ́тому прави́тельство стара́ется стимули́ровать его́, и де́лает оформле́ние э́кспорта максима́льно просты́м.

А. А. Рома́нов: Э́то логи́чно! А и́мпортные по́шлины в Коре́е есть?

Ким Минсу́: Да, коне́чно. Ду́маю, они́ есть в любо́й стране́. Импортные по́шлины зави́сят от разнови́дности това́ра. Вы ведь то́же пла́тите по́шлины при растамо́живании гру́за в Росси́и?

А. А. Рома́нов: Да, коне́чно. На лакокра́сочные материа́лы тамо́женные по́шлины не высо́кие. Кро́ме того́, у нас есть привиле́гии, поско́льку мы вво́зим большо́й объём гру́зов.

Ким Минсу́: Отли́чно! Зна́чит у вас не высо́кий у́ровень тра́нспортных и тамо́женных расхо́дов, и мо́жно обеспе́чить конкуре́нтоспосо́бные це́ны!

A Но́вые слова́

■ оформле́ние оформле́ние докуме́нтов поря́док оформле́ния	작성, 수속 서류 작성 및 접수 수속 절차
■ брать/взять на себя́	떠맡다, 책임지다
■ предоставля́ть/предоста́вить	제공하다
■ упако́вочный лист	패킹리스트
■ инво́йс	인보이스
■ тамо́женный аге́нт	관세사
■ э́кспортная деклара́ция	수출신고필증
■ тра́нспортная накладна́я	운송장
■ на основа́нии *чего*	~의거하여

- растамо́живать/растамо́жить　　　수입시 통관 수속하다
  затамо́живать/затамо́жить　　　수출시 통관 수속하다
  пройти́ тамо́женное оформле́ние　　　통관하다
  пройти́ тамо́жню　　　통관 수속을 완료하다

- по́шлина　　　조세, 관세, 세금
  тамо́женная по́шлина　　　관세
  э́кспортная по́шлина　　　수출세
  и́мпортная по́шлина　　　수입세
  взима́ть по́шлину　　　조세하다
  опла́чивать по́шлину　　　납세하다

- стимули́ровать　　　유도하다

- привиле́гия　　　혜택

- расхо́ды　　　지출
  тра́нспортные расхо́ды　　　교통비, 운반비
  тамо́женные расхо́ды　　　통관 비용
  накладны́е расхо́ды　　　간접비, 경비
  расхо́ды на перево́зку　　　운송비

- конкурѐнтоспосо́бный　　　경쟁력 있는

제 12과. 포장, 운송하기

Step 3  Упражнения

5. Ответьте на вопрос «Что вы берёте на себя и что мы должны взять на себя?», используя следующие слова и выражения в правильной форме.

Пример:
- Мы берём на себя ▫ покупка авиабилетов
→ Мы берём на себя покупку авиабилетов.

1.	• Мы берём на себя • Вы должны взять на себя	▫ покупка авиабилетов ▫ стоимость проживания ▫ экскурсия по Москве ▫ упаковка товара ▫ отправка груза ▫ страхование заказа

6. Составьте предложения с выражением «на основании». Используйте следующие слова и выражения в правильной форме.

Пример:
- Я так думаю ▫ на основании ▫ полученный опыт
→ Я так думаю на основании полученного опыта.

Урок 12. Упаковка. Транспортировка.

1.	• Мы растаможиваем груз • Я так думаю • Он был уволен • Договор был расторгнут • Соглашение заключено	▫ на основании *чего*
	▫ транспортная накладная и упаковочный лист ▫ полученный опыт ▫ многочисленные жалобы сотрудников ▫ приказ генерального директора ▫ предварительные договорённости	

Step 4

Задание

Расскажите, как обычно производится оформление грузов в вашей отрасли. Кто берёт на себя оформление документов и отправку? Кто оплачивает таможенные пошлины? Составьте диалог, подобный Диалогу 3.

Урок 12. Упаковка. Транспортировка.

Чтение
독해

Транссибирская магистраль (Транссиб)

Step 1  **Текст**

На платформе конечной станции Транссибирской железной дороги во Владивостоке стоит обелиск, на котором высечено «9288». Эти цифры означают, что расстояние отсюда до Москвы составляет 9 тысяч 288 километров. Больше, чем от экватора до северного полюса. Поездка по Транссибу займёт 156 часов (6 ночей и 7 дней, 56 станций), по дороге вы пересечёте 16 рек и 7 часовых поясов.

В октябре 1905-го года по Транссибу впервые началось непрерывное движение поездов от Москвы до Владивостока. Конечный пункт железной дороги — Владивосток, название которого означает «владение Востоком». Транссиб — продукт российской политики на Востоке и средство её продвижения. Поэтому с самого начала строительства эта железнодорожная магистраль была тесно связана с народом Корейского полуострова. В наши дни Транссибирская магистраль является для большинства корейцев символом возможного объединения Северной и Южной Кореи, и, как

제 12과. 포장, 운송하기

следствие, возможности грузоперевозок и путешествий в Россию и Европу по материку.

Транссиб связан с Кёнъисоном, старейшей железнодорожной линией Кореи, через Маньчжурскую железную дорогу. С начала 21-го века было выдвинуто множество проектов соединения Транссибирской магистрали и северокорейского города Синыйджу посредством Транскитайской или Транскорейской железных дорог. Но для этого на китайском и корейском участках рельсы должны быть заменены со стандартных (1435 мм) на более широкие (1520 мм), при этом оси и колёса должны меняться в точках соединения железных дорог.

Вполне естественно, что без Северной Кореи в деле объединения железных дорог обойтись невозможно, так как Россия граничит только с ней. Но в этом нет никакой проблемы. Президент Республики Корея Мун Чжэ Ин накануне визита в Москву в июне 2018 года сказал в интервью агентству ТАСС: «Экономическое сотрудничество между Югом и Севером должно быть дополнено экономическим сотрудничеством с Россией в виде трёхстороннего взаимодействия. По этому поводу мы с председателем Ким Чен Ыном также нашли общий язык».

В 2018 году между ОАО РЖД и корпорацией «Корейские железные дороги (Korail), был подписан Меморандум о взаимопонимании по вопросам сотрудничества. В нем говорится, что одним из основных направлений сотрудничества ОАО РЖД и Korail определили совместное развитие и реализацию проектов в сфере железнодорожного транспорта и логистики. Стороны договорились изучить условия организации железнодорожных перевозок Южная Корея — Россия — Европа, включая трёхсторонний проект соединения Транскорейской железной дороги и Транссибирской магистрали с участием Северной Кореи, Южной Кореи и России. Для совместной работы в этом направлении в настоящее время формируются благоприятные условия и уже проделана большая работа. В 2008 – 2014 годах была восстановлена железнодорожная ветка от станции Хасан (РФ) до порта Раджин (КНДР), этот проект фактически является первым этапом реконструкции Транскорейской железной дороги.

Если железная дорога из Пусана в Европу будет построена, она принесет огромные доходы в различных областях, а также сэкономит затраты на логистику для всех участвующих сторон.

단어 TIP!

Транссибирская железная дорога (Транссиб, Транссибирская магистраль) 시베리아 횡단 철도 | платформа 승강장 | конечная станция 종점 | обелиск 오벨리스크, 기념비 | высекать/высечь 새기다 | экватор 적도 | часовой пояс 시간대 | символ *чего* 상징 | объединение 통일, 통합 | материк 대륙 | Манчжурская железная дорога 만주 철도 | ось 축 | граничить *с чем/кем* 접경하다 | дополнять/дополнить *что чем* 보충하다 | ~ое 보태다 | трёхсторонний 삼자의 | по поводу ~점에 대하여 | ОАО РЖД (ОАО Российские Железные Дороги) 러시아 철도 주식회사 | меморандум о взаимопонимании 양해각서 | сфера 분야 | логистика 물류 | благоприятный 순조로운, 형편이 좋은 | восстанавливать/восстановить 복원하다 | железнодорожная ветка 철도 노선 | фактически 사실상 | реконструкция 복원 | экономить/сэкономить 절약하다, 절감하다 | затраты *на что* 비용, 경비

제 12과. 포장, 운송하기

Step 2 Упражнения

7. Отметьте правильные ответы на вопросы и утверждения галочкой (✓).

1. Что означают цифры, высеченные на обелиске во Владивостоке?
1) Расстояние до самой западной точки России. ( )
2) Расстояние до Москвы. ( )
3) Расстояние до Пусана. ( )

2. Какая техническая проблема должна быть решена для объединения Транскорейской и Транссибирской железных дорог?
1) Замена рельсов на более узкие. ( )
2) Замена рельсов на более широкие. ( )
3) Замена поездов на более быстрые. ( )

3. В Меморандуме о взаимопонимании говорится, что
1) стороны договорились решить технические проблемы. ( )
2) стороны договорились содействовать объединению Южной и Северной Кореи. ( )
3) стороны договорились изучить условия организации железнодорожных перевозок. ( )

Урок 12. Упаковка. Транспортировка.

Step 3

Задание

Как вы считаете, является ли важным для Кореи соединение Транссиба с корейской железной дорогой? Куда бы вы хотели поехать на поезде, когда железные дороги Кореи и России будут соединены?

제 12과. 포장, 운송하기

Отдохнём! (Пословицы)
쉬어갑시다!

Тише едешь – дальше будешь.
급할수록 돌아가라. (천천히 가는 자가 더 멀리 간다.)

Пословица «Тише едешь — дальше будешь» используется как в прямом, так и в переносном смысле. При использовании в прямом смысле она означает, что медленное и осторожное передвижение поможет доехать пункта назначения без проблем. А в переносном смысле эта пословица означает, что если делать всё без суеты и торопливости, то скорее достигнешь желаемых результатов. Иногда говорится шутливо, в оправдание кажущейся медлительности или как совет работать без спешки, суеты, если хочешь хорошо сделать дело.

1. На окраинах города и загородных трассах прошёл снег, и ситуация для автомобилистов складывается довольно опасная. На дорогах наблюдается гололедица, которая может стать причиной аварии. Поэтому спасатели и сотрудники дорожной полиции настоятельно советуют воздержаться от дальних поездок. А если отменить планы уже невозможно, то быть предельно осторожными за рулём и вести себя по принципу: тише едешь — дальше будешь.

Урок 12. Упаковка. Транспортировка.

> **단어 TIP!**
>
> тра́сса 도로, 길 | скла́дываться/сложи́ться 조성되다, 형성되다 | гололе́дица 살얼음판 | спаса́тель 구조 요원 | возде́рживаться/воздержа́ться 절제하다, 삼가다 | преде́льно 극단적으로, 매우 | быть за рулём 운전하다 | вести́ себя́ 행동하다 | при́нцип 원리, 원칙

2. Государственный интерес Казахстана состоит, в частности, в том, чтобы иметь близкое, взаимовыгодное партнёрство с Российской Федерацией, и не иметь никаких конфликтов в этих отношениях. Взаимовыгодное партнёрство является базой для строительства разнообразных двусторонних отношений, основанных на взаимовыгодных интересах. Есть такая народная мудрость: тише едешь — дальше будешь. Чем более продуманно, профессионально и последовательно будут осуществляться следующие шаги в наших двусторонних отношениях, тем будет лучше и для России, и для наших казахстанских соседей.

> **단어 TIP!**
>
> в ча́стности 특히, 특별히 | взаимовы́годный 서로에게 유익한 | конфли́кт 갈등, 충돌 | ба́за 기반 | двусторо́нний 양측의 | осно́ванный на чём ~을 토대로 한 | проду́манный 충분히 고려한, 깊이 생각하고 난 | после́довательный 순차적인

출처: *krsk.kp.ru*
regions.ru

제 12과. 포장, 운송하기

Важные выражения
주요 표현

1. Как вы обы́чно транспорти́руете ва́шу проду́кцию?

2. Усло́вия перево́зки удовлетворя́ют ГОСТ-у.

3. Есть ли опа́сность, что груз повреди́тся?

4. Мы осуществля́ем стро́гий контро́ль ка́чества проду́кции.

5. Каки́е спо́собы доста́вки вы мо́жете нам предложи́ть?

6. Мы предлага́ем разли́чные сро́ки доста́вки в зави́симости от запро́сов клие́нтов.

7. Каки́е сро́ки доста́вки вас устро́ят?

8. Нам необходи́мо обеспе́чить наибо́лее дешёвую доста́вку.

9. Предлага́ю вам доста́вку мо́рем или желе́зной доро́гой.

10. Для небольшо́й па́ртии оптима́льна авиа-доста́вка.

11. У нас хорошо́ нала́жена рабо́та с компа́ниями-перево́зчиками.

12. Вы берёте на себя по́лностью оформле́ние э́кспорта?

13. На́ша эконо́мика ориенти́рована на э́кспорт.

14. На основа́нии э́тих докуме́нтов вы смо́жете растамо́жить груз в Росси́и.

15. Мы мо́жем обеспе́чить конкуре́нтоспособные це́ны.

16. Импортные по́шлиныави́сят от разнови́дности това́ра.

УРОК 13

보험, 클레임

Страхование и жалобы

제 13과. 포장, 운송하기

Диалог
기본대화

Давайте обсудим вашу страховую политику

Step 1

13-01

Партнёры обсуждают страховую политику корейской стороны. А. А. Романов уточняет, что покрывает страховка, а какие обстоятельства необходимо включить в страховку дополнительно.

А. А. Романов:	Мы реши́ли с ва́ми пробле́му транспорти́ровки зака́за. Тепе́рь дава́йте обсу́дим ва́шу страхову́ю поли́тику. Како́й поли́тики вы приде́рживаетесь?
Ким Минсу:	Обы́чно мы покрыва́ем зака́зы страхо́вкой СИФ (СИФ-ом). Осо́бые обстоя́тельства, таки́е как кра́жа, недоста́вка, уте́чка, вое́нный риск, мо́гут быть покры́ты по жела́нию зака́зчика.
А. А. Романов:	Я полага́ю, что э́то де́лается за дополни́тельную опла́ту?
Ким Минсу:	Соверше́нно ве́рно. Согла́сно распространённой междунаро́дной пра́ктике, чрез-

	вычáйные обстоя́тельства покрывáются за счёт покупáтеля.
А. А. Романов:	А как насчёт забастóвок, стáчек и граждáнских волнéний?
Ким Минсу:	Вы знáете, я не дýмаю, что в этом есть необходи́мость. На нáших предприя́тиях не бывáет забастóвок.
А. А. Романов:	Извини́те, но мы не хоти́м рисковáть. Прошý вас включи́ть этот момéнт в страхóвку.
Ким Минсу:	Как вы пожелáете.

Step 2  **А Новые слова**

13-02

■ транспортирóвка		운송
■ страховáя поли́тика		보험정책
■ придéрживаться ~ поли́тики	*чего*	따르다 정책에 따르다
■ покрывáть/покры́ть покрывáть страхóвкой =(за)страховáть	*чем*	덮다, 씌워 감추다 보험이 (무엇을) 포함하다 보험에 가입하다

351

제 13과. 포장, 운송하기

- кра́жа 도난

- уте́чка 누수, 유출, 도중 손실
  уте́чка мозго́в 두뇌 유출

- пожела́ть *чего* 바라다, 원하다, 희망하다
  по жела́нию *кого* ~의 희망에 따라
  по тре́бованию *кого* ~의 요구대로

- полага́ть/положи́ть 생각하다, 추측하다, 간주하다
  ~ нача́ло *чему* ~을 시작하다
  ~ коне́ц *чему* ~을 끝맺다
  ~에 종지부를 찍다

- дополни́тельный 추가적인
  за дополни́тельную пла́ту 추가 비용으로

- согла́сно *чему/с чем* ~에 따라, ~에 따르면
  ~ ва́шему мне́нию 당신의 의견에 따라
  ~ зако́ну (~ с зако́ном) 법에 따라(준하여)

- распространённый 널리 유포된, 일반적인
  ~ взгляд 평범한 견해

- распространи́тель *чего* 유포자
  распространя́ться/распространи́ться *на что*
  퍼지다, 확장되다, 유포되다, 전개되다

- пра́ктика 관행

Урок 13. Страхование и жалобы.

междунаро́дная пра́ктика		국제 관행
■ за счёт на счёт	*кого* *чего*	~의 비용으로, ~의 희생으로 ~에 관해서, ~에 대하여
■ забасто́вка		파업
■ гражда́нский		민간의, 국민의
■ волне́ние		파동
■ рискова́ть	*чем*	위험을 무릅쓰고 하다
■ включи́ть	*что во что (또는 что куда)*	넣다, 포함하다, 삽입하다
■ моме́нт		1) 순간, 때 2) 요소, 점

예) Я на моме́нт отвлёкся и пропусти́л авто́бус.
나는 잠시 딴 생각을 하다가 버스를 놓쳤다.
Объясни́те мне э́тот моме́нт, пожа́луйста.
이 점을 설명해 주세요.

Step 3 — Упражнения

1. Составьте предложения со словом «придерживаться». Употребите следующие слова и выражения в правильной форме.

Пример:
- Какой • мнение
- вы придерживаетесь • этот вопрос

→ <u>Какого мнения вы придерживаетесь по этому вопросу?</u>

1.	• Какой(-ая,-ое,-ие)	▫ вы придерживаетесь
	• мнение • политика • точка зрения • рекомендации	▫ этот вопрос ▫ работа с клиентами ▫ страхование грузов ▫ выбор программы обучения

2. Составьте предложения со словом «согласно». Употребите следующие слова и выражения в правильной форме.

Пример:
- Согласно • последние новости
- это лето будет жарким

→ <u>Согласно последним новостям, это лето будет жарким.</u>

1.

• Согласно	▫ население поддерживает реформы
• последние новости	
• этот учёный • исследования археологов • устав компании • результаты опроса • мнение директора	▫ он не имеет права на отпуск ▫ здесь раньше было море ▫ люди могут жить до 120 лет ▫ этот проект очень перспективный ▫ это лето будет жарким

제 13과. 포장, 운송하기

Step 4

Задание

Обсудите со страховой компанией, что покрывает их страховка и какие особые обстоятельства можно покрыть страховкой за дополнительную плату. Составьте диалог, подобный Диалогу 1.

Урок 13. Страхование и жалобы.

Диалог
기본대화

Вы можете предъявить нам иск

Step 1

Партнёры обсуждают, как они могут поступить в случае конфликтной ситуации и за что несёт ответственность сторона продавца.

13-03

А. А. Романов: Господи́н Ким, позво́льте вас спроси́ть… Если по прибы́тии гру́за, ка́чество това́ра ока́жется неудовлетвори́тельным, мы име́ем пра́во предъяви́ть вам иск?

Ким Минсу: Безусло́вно. В э́том слу́чае бу́дет проведена́ дополни́тельная прове́рка. Если ка́чество това́ров не бу́дет соотве́тствовать торго́вому соглаше́нию, вы мо́жете предъяви́ть нам иск. Но е́сли уще́рб был нанесён това́ру при транспортиро́вке, то иск до́лжен быть предъя́влен компа́нии-перево́зчику. Мы в э́том слу́чае не несём никако́й отве́тственности за причинённый уще́рб.

А. А. Романов: А как мы посту́пим, е́сли созда́стся кон-

Ким Минсу:	фли́ктная ситуа́ция? Все конфли́кты бу́дут реша́ться Госуда́рственным арбитра́жным судо́м Респу́блики Коре́я. Его́ реше́ние бу́дет обяза́тельно для обе́их сторо́н.
А. А. Рома́нов:	Я уве́рен, что да́же е́сли и бу́дут тре́ния ме́жду на́ми, мы реши́м конфли́кт по-дру́жески. Наде́юсь, что в арбитра́же не бу́дет необходи́мости.
Ким Минсу:	Я то́же уве́рен в э́том. Все на́ши това́ры прохо́дят са́мый стро́гий контро́ль пе́ред отпра́вкой.

   Но́вые слова́

■ позво́лить   허락하다

예) Позво́льте спроси́ть. 질문 하나 하겠습니다.
    Позво́льте узна́ть. 질문해도 될까요? (알아봐도 될까요?)

■ прибы́тие   도착
■ по прибы́тии   도착 당시

■ оказа́ться   *каки́м*   ~로 인정되다

Урок 13. Страхование и жалобы.

- име́ть пра́во   권리를 갖다

- соотве́тствовать   *чему*   ~에 대응하다, 부합하다

- иск   고소
    предъяви́ть иск   고소를 제기하다

- нанести́ уще́рб   피해를 끼치다

- нести́ отве́тственность   *за что*   책임지다

> 예) Мы не несём отве́тственности. 우리는 책임지지 않는다.
> Мы несём по́лную отве́тственность.
> 우리는 전적으로 책임을 진다.

- создава́ться / созда́ться   만들어지다, 조성되다

- конфли́ктный   충돌의, 갈등의
    конфли́ктная ситуа́ция   갈등 상황

- арбитра́жный суд   중재 법원

- обяза́тельный   필수적인, 모두에게 적용되는

> 예) Реше́ние суда́ обяза́тельно для всех.
> 모든 사람들이 법원의 판결을 따라야 한다.

- тре́ние   마찰, 불화

- решать/решить 해결하다
  решать конфликт 갈등을 해결하다

- по- 어떤 방식으로
  по-братски 형제처럼, 형제답게
  по-дружески 친구처럼, 친구답게
  по-семейному 가족처럼, 가족답게

- необходимость   в чём   필요성

  예) В помощи нет необходимости. 도와줄 필요가 없다.

Step 3  Упражнения

3. Ответьте на вопрос «За что/кого вы несёте ответствен-ность?». Используйте следующие слова и выражения в правильной форме.

Пример:
- Я • нести ответственность ▫ Большая семья
→ Я несу ответственность за большую семью.

1.	• Я • Он/она • Моя подруга • Директор • Сотрудники	▫ нести ответственность за *что/кого*	▫ большая семья ▫ продажа товара ▫ качество продукции

▪ Мы		▫ престарелые родители ▫ дети и жена (муж) ▫ своя жизнь

4. Составьте предложения с выражением «есть необходимость» / «нет необходимости». Используйте следующие слова и выражения в правильной форме.

Пример:
- ▪ Есть необходимость   ▫ проверка качества продукции
- → Есть необходимость в проверке качества продукции.

1.	▪ Есть необходимость… /Нет необходимости… *в чём*	▫ проверка качества продукции ▫ обсуждение проблем ▫ создание новой политической партии ▫ улучшение отношений между сотрудниками ▫ контроль за скоростью доставки ▫ иск против поставщиков

Step 4

Задание

Узнайте у партнёров, можете ли вы предъявить им иск в случае возникновения проблем. Уточните, за что они несут ответственность, а за что отвечает компания-перевозчик. Составьте диалог, аналогичный Диалогу 2.

Урок 13. Страхование и жалобы.

Диалог
기본대화

Какие меры вы принимаете?

Step 1

13-05

Российская сторона продолжает интересоваться, какие меры принимают корейские партнёры в случае повреждения груза. Ким Минсу рассказывает о различных способах решения проблем.

А. А. Романов: Мистер Ким, я хотел бы уточнить у вас один момент. У нас бывают случаи, когда из-за недостаточно тщательной упаковки товар повреждается в дороге. Иногда часть товара приходит мятой или повреждённой. Какие меры вы принимаете обычно в таких случаях?

Ким Минсу: Да, так действительно иногда бывает. Как тщательно ни упаковывай, в дороге иногда случаются непредвиденные ситуации.

А. А. Романов: Да, я говорю именно об этом.

Ким Минсу: В зависимости от причины и характера повреждения способы решения проблемы

363

	могут быть различными. Чаще всего, конечно, ответственность несёт компания-перевозчик.
А. А. Романов:	Да, но я слышал, что предъявить им иск и получить компенсацию потерь не так уж просто. Кроме того, этот процесс сам по себе требует дополнительных затрат.
Ким Минсу:	Я понимаю, что вы имеете в виду. Мы, со своей стороны, стараемся упаковывать товар так, чтобы подобных проблем не возникало. Кроме того, мы всегда отправляем немного больше товара, чем заказано, чтобы в случае пропажи или повреждения части товара, у вас не возникло убытков.
А. А. Романов:	Спасибо, это хорошее решение. Надеюсь, что с нашим грузом всё будет в порядке.
Ким Минсу:	Да, уверен, что всё будет хорошо. Проблемы при перевозке возникают крайне редко.

Step 2  Новые слова

■ бывать   있다, 일어나다

예) Так не бывает! 있을 수 없는 일이다!

Урок 13. Страхование и жалобы.

- тща́тельный   면밀한, 치밀한

- поврежда́ться/повреди́ться   파손되다
  повреждённый   파손된
  поврежде́ние   파손

- мя́тый   구겨진

- как + 부사 + ни + 동사 명령형   아무리… 해도…

    예) Как бы́стро ни беги́, маши́ну не дого́нишь.
    아무리 빨리 달려도 자동차를 따라잡을 수 없다.

- непредви́денный   예상치 못한

- и́менно   즉, 바로, 꼭

- зави́симость   종속, 의존
  в зави́симости от   чего   ~ 에 따라서

- компенса́ция   배상, 변상

- поте́ря   손실, 손해

- не так уж (и) + 부사   그리 … 않다

    예) Не так уж и хо́лодно. 그리 춥지 않다.

5. Составьте предложения с выражением «принимать меры по *чему*». Используйте следующие слова и выражения в правильной форме.

Пример:
- Компания
  □ принимать меры □ улучшение качества.
  → Компания принимает меры по улучшению качества.

1.	• Компания • Правительство • Поставщики • Я • Студенты • Полиция	□ принимать меры по *чему*
	□ улучшение качества □ ликвидация аварии □ увеличение доходов	□ повышение успеваемости □ разрешение проблем □ борьба с терроризмом

6. Составьте предложения с выражением «в зависимости от *чего*». Используйте следующие слова и выражения в правильной форме.

Пример:
- Я принимаю решения ▫ в зависимости ▫ настроение
→ Я принимаю решения в зависимости от настроения.

1.	• Я принимаю решения • Мы выберем подарок • Ему назначат зарплату • Он делает инвестиции	▫ в зависимости от *чего*
	• Она получит отпуск • Компания начнёт новый проект	
	▫ настроение ▫ погода ▫ опыт работы ▫ бюджет компании ▫ решение руководства ▫ состояние здоровья	

제 13과. 포장, 운송하기

Step 4

Задание

Выясните, какие меры принимают ваши партнёры в случае повреждения груза, и как они планируют решать конфликтные ситуации. Составьте диалог, аналогичный Диалогу 3.

Урок 13. Страхование и жалобы.

Чтение
독해

Павел Дуров — основатель ВКонтакте и Телеграм

Step 1  Текст

13-07

Павел Валерьевич Дуров — молодой российский бизнесмен, создатель социальных сетей ВКонтакте и Телеграм.

Сеть ВКонтакте была создана в 2006 году и имела огромную популярность, для многих полностью подменив собой Интернет и его понимание. Павел Дуров не только был владельцем компании, но и сам принимал участие в разработке социальной сети, проводил улучшения.

Желание создать практичный портал для общения появилось после встречи с приятелем, приехавшим из-за границы. Рассказ о социальной сети Facebook, хранящей полную информацию о пользователях, позволил создать макет будущего проекта многопользовательского русскоязычного ресурса.

Продвижение проекта и его расширение заняло около двух лет. Период становления позволил значительно улучшить дизайн и максимально расширить интерфейс проекта. Полученная система стала удобной и практичной для любого пользователя. В 2008 году количество зарегистрированных пользователей ВКонтакте перевалило за 20 миллионов, а Павел Дуров стал настоящей легендой, которого сравнивали с создателем Facebook Марком Цукербергом.

Однако в 2013 году у основателя социальной сети возник конфликт с властями: он отказался закрывать ряд групп, которые расценивались прокуратурой как экстремистские, а также передать личные сведения о модераторах сообществ Евромайдана.

В начале 2014 года Павел Дуров продал свою долю акций и заявил об уходе с поста генерального директора ВКонтакте. Но нет худа без добра: после ухода из ВКонтакте Павел продолжил разрабатывать новые проекты. Вскоре появился Телеграм.

Новый мессенджер использовал особенные технологии шифрования переписки, которые были придуманы братом Павла, Николем Дуровым. Эти технологии обеспечивали по-настоящему безопасный канал общения.

В этом же году программист эмигрирует за рубеж, объяснив это тем, что «в этой стране нет возможности вести интернет-бизнес». По его словам, работать в России сейчас невозможно, а за границей он вплотную займётся разработкой специальной социальной сети для мобильных устройств. Учитывая его огромный потенциал и достаточный опыт работы, можно было смело ожидать, что разрабатываемый проект получится качественным и вызовет заслуженный интерес пользователей.

Представители правительства несколько раз предлагали заблокировать Телеграм, если он не изменит свою политику конфиденциальности, но Павел оставался непреклонным и официально заявил, что мессенджер не выдавал и не будет выдавать личные данные пользователей.

В 2016 году Павел вошёл в открытый конфликт с ФСБ. Дуров снова отказался выдавать личные данные пользователей, и ФСБ взломала Телеграм. Сейчас Дуров разрабатывает новые решения по конфиденциальности переписки и критикует действия правительства.

В настоящее время он проживает в ЕС и Сингапуре, работая над совершенствованием мессенджера Телеграм и иными интернет-проектами. В 2016 году был отмечен в Forbes, как один из богатейших предпринимателей России.

단어 TIP!

создáтель 창시자 | социáльная сеть 소셜 네트워크 | подменя́ть/подмени́ть 교체하다, 대신하다 | владéлец 소유자 | разрабóтка 개발 | макéт 모형, 원형 | многопóльзовательский 여러 사용자의 | ресу́рс 자원, 방도 | продвижéние 촉진, 증진 | расширéние 확장 | интерфéйс 인터페이스 | перевали́ть за *сколько* ~를 넘다 | прокурату́ра 검찰청 | экстреми́стский 극단주의의 | модерáтор (인터넷 커뮤니티의) 관리자 | соо́бщество (인터넷) 커뮤니티 | Евромайдáн 유로마이단 (2013-2014년 유럽 연합 가입을 지지하는 우크라이나 국민들의 운동) | Нет ху́да без добрá (속담) 새옹지마 | шифровáние 암호화 | эмигри́ровать 이민가다 | заслу́женный 마땅한 | заблоки́ровать 차단하다 | поли́тика конфиденциáльности (개인 정보) 보호 정책 | непреклóнный 강직한 | ли́чные да́нные 개인 정보 | конфли́кт 충돌, 대립 | ФСБ = Федерáльная Слу́жба Безопáсности 러시아 연방 보안국 | взломáть 해킹하다 | конфиденциáльность 기밀 유지 | совершéнствование 완성, 진보, 개량

Step 2

 Упражнения

7. Отметьте правильные ответы на вопросы и утверждения галочкой (✓).

1. Какое отношение имел Павел Дуров к сети ВКонтакте?
1) Он был только создателем и владельцем. ( )
2) Он был не только владельцем, но и принимал участие в разработке. ( )
3) Он был владельцем, но не принимал участие в создании. ( )

2. Из-за чего у Павла Дурова возник конфликт с властями?
1) Он отказался передать личные данные пользователей. ( )
2) Он занимался экстремистской деятельностью. ( )
3) Он участвовал в Евромайдане. ( )

3. В чём главная особенность месенджера Телеграм?
1) Он обеспечивает абсолютную конфиденциальность общения. ( )
2) Он не хранит личные данные пользователей. ( )
3) Он использует особые технологии шифрования переписки. ( )

Урок 13. Страхование и жалобы.

Step 3

....

Задание

Расскажите, какими социальными сетями и мессенджерами вы пользуетесь чаще всего? Почему вы выбрали именно их? В чём их достоинства и недостатки? Обеспечивают ли они конфиденциальность общения и сохранность персональных данных пользователей?

Отдохнём! (Пословицы)
쉬어갑시다!

Нет худа без добра.
새옹지마 (나쁜 일이 생기면 좋은 일도 생긴다.)

Пословица «Нет худа без добра» означает, что неприятности иногда оборачиваются удачей. Её используют, когда хотят подчеркнуть, что сложная ситуация имеет положительные моменты.

1. У меня возникли проблемы с трудоустройством: я три года не могла найти работу. Меня не брали ни в один театр. Это было очень печально. Каждое утро я ходила в театры и долго слышала: «Вы нам не подходите!» Но нет худа без добра. Это был для меня хороший урок. Пока я ходила в театр на пробы, меня стали приглашать в кино. Роли, конечно, были не очень главные, но интересные.

단어 TIP!

трудоустро́йство 취업 | брать *кого куда* 고용하다 | про́бы 캐스팅 | гла́вная роль 주연

2. В последние годы экспорт грузинского вина в Россию был практически прекращён. Но нет худа без добра: в сложившейся ситуации грузинским производителям пришлось искать выходы на европейский рынок. А для этого они стали повышать качество грузинского вина. И хотя на рынок вышли единицы, но качество резко повысилось.

> **단어 TIP!**
>
> грузи́нский 조지아의 | практи́чески 실천적으로 | прекраща́ть/прекрати́ть 중지하다, 멈추다 | сложи́вшийся 형성된, 기성 | выходи́ть/вы́йти на ры́нок 시장에 진출하다 | ре́зко 급격히

出처 : ekhokavkaza.com
argumenti.ru

제 13과. 포장, 운송하기

Важные выражения
주요 표현

1. Какой страховой политики вы придерживаетесь?

2. Риски могут быть покрыты по желанию заказчика.

3. Согласно международной практике, чрезвычайные обстоятельства покрываются за счёт покупателя.

4. Я не думаю, что в этом есть необходимость.

5. Прошу вас включить этот момент в страховку.

6. Если качество окажется неудовлетворительным, мы имеем право предъявить вам иск?

7. Если ущерб был нанесён при транспортировке, то иск должен быть предъявлен перевозчику.

8. Мы не несём никакой ответственности за причинённый ущерб.

9. Как мы поступим, если создастся конфликтная ситуация?

10. Решение суда обязательно для обеих сторон.

11. Я хотел уточнить у вас один момент.

12. Какие меры вы принимаете в таких случаях?

13. В дороге случаются непредвиденные ситуации.

14. В зави́симости от поврежде́ния спо́собы реше́ния пробле́мы мо́гут быть разли́чными.

15. Предъяви́ть иск и получи́ть компенса́цию не так уж и про́сто.

16. Этот проце́сс сам по себе́ тре́бует дополни́тельных затра́т.

УРОК 14

계약 체결하기

Подписание договора

제14과. 계약체결하기

Диалог
기본대화

Мы подготовили проект договора

Step 1

Партнёры обсуждают, все ли пункты внесены в договор, нет ли необходимости в добавлениях или изменениях. Они договариваются доработать проект контракта.

Ким Минсу: Мистер Романов, мы подготовили проект нашего договора. Не хотите ли взглянуть?

А. А. Романов: Конечно. Ну что же, кажется всё верно. Все пункты, которые мы обсуждали, внесены. Формулировки точные, не допускают разночтения.

Ким Минсу: Мы постарались соблюсти все формальности.

А. А. Романов: Вот только одно… Вам не кажется, что стоит включить стандартную фразу типа «Если одна сторона перестанет соблюдать условия договора, вторая сторона вправе считать договор недействитель-

	ным»?
Ким Минсу:	Да, подо́бные фра́зы ча́сто включа́ют в контра́кты. Но всё же, поясни́те, пожа́луйста, что и́менно Вы име́ете в виду́.
А. А. Рома́нов:	Допу́стим, вы задержа́ли поста́вку нашего зака́за на две неде́ли. Этим вы сорва́ли на́ши произво́дственные пла́ны. Само́ собо́й разуме́ется, вам придётся заплати́ть неусто́йку. Или по каки́м-то причи́нам мы задержа́ли опла́ту, тогда́ вы впра́ве наложи́ть штраф.
Ким Минсу:	Понима́ю, но то́, что я вам сего́дня пока́зываю, это прое́кт догово́ра. Предлага́ю вам соста́вить спи́сок попра́вок и уточне́ний, кото́рые вы хоти́те внести́, и дать их мои́м лю́дям на дорабо́тку. Пото́м вы ещё раз посмо́трите прое́кт и е́сли вас всё в нём устро́ит, мы подпи́шем догово́р.
А. А. Рома́нов:	Договори́лись. Пойми́те меня́, э́то наш пе́рвый контра́кт, и я хочу́, что́бы он исключи́л возмо́жность недопонима́ний в бу́дущем.
Ким Минсу:	Я по́лностью согла́сен с ва́ми.

제 14과. 계약체결하기

A Новые слова

■ проéкт		안, 계획
проéкт договóра		계약서 안
■ взгля́дывать/взгляну́ть	*на что*	잠깐 보다, 훑어보다
■ пункт		항목
■ формулирóвка		관용표현, 어법, 용어
■ допускáть/допустíть		허락하다, 허용하다
■ разночтéние		이문, 이형
■ соблюдáть/соблюстí		준수하다
■ впрáве		권리를 가지다
■ недействíтельный		유효하지 않은, 무효한
■ срывáть/сорвáть		무산시키다
~ план		계획을 무산시키다
■ самó собóй разумéется		말할것도 없다, 당연하다

Урок 14. Подписание договора.

| ■ неусто́йка | 위약금 |

| ■ накла́дывать/наложи́ть | 과하다 |
| ~ штраф | 벌금을 과하다 |

■ вноси́ть/внести́	넣다, 포함시키다, 기입하다
~ попра́вку	수정사항을 기입하다
~ уточне́ние	보다 정확(명료)하게 하다

| ■ дораба́тывать/дорабо́тать | 마무리하다 |
| дорабо́тка | 마무리, 개정, 교정 |

| ■ устра́ивать/устро́ить | 만족시키다 |

| ■ исключа́ть/исключи́ть | 배제하다 |
| ~ возмо́жность | 가능성을 제외하다 |

| ■ недопонима́ние | 오해 |

Step 3  Упражнения

1. Составьте предложения со словом «вносить/внести». Используйте следующие слова и выражения в правильной форме.

Пример:
- Преподаватель ▫ внести ▫ разнообразие в уроки
→ Преподаватель внёс разнообразие в уроки.

1.	• Преподаватель • Депутаты • Моя семья • Директор • Партнёры	▫ вносить/внести	▫ поправка в закон ▫ разнообразие в уроки ▫ платёж в кассу ▫ фамилия в список ▫ добавление в контракт

2. Составьте предложения со словом «(не) допускать/(не) допустить». Используйте следующие слова и выражения в правильной форме.

Пример:
- • Это предложение   ▫ (не) допускать   ▫ разночтение
- → Это предложение не допускает разночтений.

1.	• Это предложение • Контролёр • Его уверенность • Правительство • Старайтесь	▫ (не) допускать /(не) допустить	▫ разночтение ▫ нарушений ▫ возражения ▫ ошибки на экзамене ▫ рост цен

Урок 14. Подписание договора.

Step 4

Задание

Вы и ваши партнёры подготовили проект договора. Вы заметили неточность или захотели внести дополнительный пункт в договор. Сообщите об этом партнёру и вежливо объясните, почему это важно для вас. Составьте диалог, аналогичный Диалогу 1.

Диалог
기본대화

Вы готовы подписать договор?

Step 1

Корейская сторона доработала договор и учла все пожелания российских заказчиков. Партнёры планируют подписать договор и отметить подписание банкетом.

Ким Минсу: Андре́й Алекса́ндрович, мы учли́ ва́ши замеча́ния и дорабо́тали прое́кт на́шего догово́ра. Прошу́ вас взгляну́ть.

А. А. Романов: Ну, что́ же, всё замеча́тельно. У меня́ нет никаки́х возраже́ний.

Ким Минсу: У вас есть вопро́сы по сро́кам, обяза́тельствам сторо́н, формулиро́вкам, а та́кже по о́бщему ви́ду докуме́нта?

А. А. Романов: Ка́жется, нет. Всё норма́льно. Я ду́маю, что я гото́в подписа́ть догово́р.

Ким Минсу: Пря́мо сейча́с?

А. А. Романов: А почему́ нет? Вы гото́вы?

Ким Минсу: Да, но мы плани́ровали, что состои́тся официа́льное подписа́ние догово́ра. А

Урок 14. Подписание договора.

	после подписа́ния мы хоти́м пригласи́ть вас на банке́т в рестора́н. Как вы на э́то смо́трите?
А. А. Рома́нов:	Э́то прекра́сная иде́я. Спаси́бо за тако́й прекра́сный сюрпри́з.
Ким Минсу:	Мы о́чень ра́ды рабо́тать с таки́ми партнёрами, как ва́ша компа́ния, поэ́тому хоти́м отме́тить наш пе́рвый догово́р.
А. А. Рома́нов:	Да, вы пра́вы, на́ша компа́ния то́же о́чень це́нит партнёрство с ва́ми. Заключе́ние на́шего пе́рвого контра́кта – э́то, безусло́вно, по́вод для банке́та!
Ким Минсу:	Да, дава́йте отпра́зднуем э́то собы́тие!

 А Но́вые слова́

■ замеча́тельно	훌륭히
■ возраже́ние	이의, 반론
■ срок	기간, 기한
■ обяза́тельство	약속, 계약, 약정
■ подпи́сывать/подписа́ть	서명하다, 기명하다

~ договóр	계약서에 서명하다, 계약서를 체결하다
подписáние договóра	계약서 체결
■ прямо	곧장, 똑바로
■ официáльный	공무상의, 공식의
■ банкéт	오찬회, 만찬회
■ сюрприз	서프라이즈, 뜻하지 않은 선물
■ отмечáть/отмéтить	(명절, 생일 등) 축하하다, 파티를 하다

> 예) – Как ты отмечáешь свóй день рождéния?
>   너는 생일을 어떻게 보내니?
> – Я приглашáю друзéй в гóсти.
>   나는 친구들을 초대한다.

■ ценить/оценить		평가하다, 값을 치다, 소중히 하다
■ пóвод	*для чего*	동기, 원인

Step 3  Упражнения

3. Составьте предложения с выражениями «не повод для чего» и «не повод чтобы». Используйте следующие слова и выражения в правильной форме.

Пример:

- Плохая погода   ▫ не повод для *чего*   ▫ расстройство
→ Плохая погода – не повод для расстройства.

1.	• Небольшая ошибка • Плохая погода • Мелкая ссора • Плохое настроение • Проверка груза на таможне	
	▫ не повод для *чего*	▫ обида ▫ расстройство ▫ расторжение договора ▫ изменение решения ▫ увольнение
	▫ не повод чтобы	▫ обижаться ▫ расстраиваться ▫ расторгать договор ▫ изменять решение ▫ увольнять

Step 4

Задание

Вы с партнёрами завершили составление договора. Уточните, нет ли у них вопросов по различным пунктам. Пригласите их в ресторан после подписания договора, подчеркнув, как важно для вас сотрудничество с ними. Составьте диалог, аналогичный Диалогу 2.

Диалог
기본대화

Поздравляю вас с подписанием договора!

Step 1

А. А. Романов:	Не могу поверить, что в этих трёх страницах — два года переговоров, месяцы подготовительной работы...
Ким Минсу:	Да, многое было сделано, чтобы этот документ стал реальностью.
А. А. Романов:	Ну, что же. Остаётся скрепить этот договор подписями и официально взять на себя обязательства, о которых мы договорились. Прошу вас, мистер Ким. Подпишите вот здесь. И здесь. В четырёх экземплярах.
Ким Минсу:	Вы хотите, чтоб я подписал по-русски или по-корейски?
А. А. Романов:	Как вам будет удобно, это не важно. Главное, что сам договор у нас составлен и на русском, и на корейском языках.
Ким Минсу:	(подписывает договор) Теперь вы, по-

	жа́луйста.
А. А. Рома́нов:	Спаси́бо. (подпи́сывает то́же) Поздравля́ю вас. Наде́юсь, мы бу́дем дово́льны друг дру́гом и наш пе́рвый «блин» не бу́дет ко́мом.
Ким Минсу:	Не сомнева́юсь, господи́н Рома́нов. Мне всегда́ прия́тно име́ть с ва́ми де́ло.
А. А. Рома́нов:	И мне то́же. Позво́льте пожа́ть ва́шу ру́ку. (пожима́ют ру́ку)
Ким Минсу:	Мы сде́лали ва́жное де́ло, но основна́я рабо́та у нас ещё впереди́!
А. А. Рома́нов:	Да, э́то то́чно ска́зано! Так дава́йте же сего́дня отме́тим заключе́ние на́шего пе́рвого догово́ра и отдохнём как сле́дует!

Step 2

 А Но́вые слова́

■ подготови́тельный		준비의, 예비의
■ реа́льность стать реа́льностью		현실 현실이 되다, 이루어지다
■ скрепля́ть/скрепи́ть	*что чем*	확증하다, 튼튼히 하다
■ по́дпись		서명

Урок 14. Подписание договора.

| ставить/поставить подпись | 서명하다 |
| скрепить подписями | 양측의 서명으로 문서를 확증하다 |

- экземпляр — 부, 권
  в двух экземплярах — 2부씩

- пожимать/пожать руку — 악수하다

- праздновать/отпраздновать — 기념하다

- как следует — 제대로, 제법

  예) Если вы хотите сдать экзамен хорошо, вы должны как следует к нему подготовиться.
  시험을 잘 보려면 제대로 준비해야 한다.

Step 3  Упражнения

4. Составьте предложения со словом «отмечать/отметить». Используйте следующие слова и выражения в правильной форме.

Пример:
  - Давайте вместе □ отмечать/отметить □ Новый год!
  → Давайте вместе отметим Новый год!

1.	• Давайте вместе • Ты будешь • Студенты всегда • Как в вашей компаниии • Я отлично	▫ отмечать/отметить	▫ заключение договора ▫ день рождения ▫ Новый год ▫ сдача экзамена ▫ Чусок в Корее

5. Составьте предложения с выражением «иметь дело», используя следующие слова и выражения в правильной форме.

Пример:
- Приятно   ▫ иметь дело   ▫ профессионал
→ <u>Приятно иметь дело с профессионалом!</u>

1.	• Приятно • Не хочется • Мы часто • Учителя́ • Футбольная команда	▫ иметь дело *с чем/кем*	▫ профессионал ▫ плохой человек ▫ иностранные партнёры ▫ маленькие дети ▫ опытный противник

Step 4

Урок 14. Подписание договора.

Задание

Вы подписываете договор с партнёрами. Обменяйтесь с ними вежливыми фразами, похвалите их за отлично проведённую работу и скажите, как важно и приятно для вас сотрудничество с ними. Составьте диалог, аналогичный Диалогу 3.

제14과. 계약체결하기

Чтение
독해

Промышленная революция: Южная Корея усилит Россию

Step 1 Текст

Уровень вложений Южной Кореи в экономику России составляет менее 1% от общего объёма иностранных инвестиций страны. О возможных направлениях развития инвестиций рассказал руководитель торгового отдела посольства Республики Корея в России Ким Чонгён.

— **О каком размере инвестиций Южной Кореи в Россию сейчас идёт речь и какой есть потенциал?**

В период с 1989 по 2016 год Республика Корея инвестировала порядка 2,5 млрд долларов в развитие российского производства бытовой техники, автомобилестроения, гостиничного бизнеса, кондитерских изделий и других отраслей. Сумма инвестиций растёт с каждым годом. Тем не менее, это всего лишь 0,72% от общего объёма всех иностранных инвестиций, вложенных Кореей.

— **Какие эксклюзивные продукты и технологии**

Южная Корея поставляет России в данный момент? В развитии каких отраслей в России это поможет?

Мы можем на одном примере рассказать, как, применяя корейские технологии в России, можно наладить долгосрочное сотрудничество между двумя странами. Например, разработка технологий в сфере робототехники для реабилитации и социальной адаптации человека. Совместив российские технологии и корейский опыт и инфраструктуру, с помощью робототехники можно ускорить реабилитацию пациентов с нарушениями нижних конечностей после травм, операций, заболеваний.

Ещё одна тема из указа вашего президента – экология. Нефтяные, химические и промышленные российские компании могут позаимствовать опыт Кореи в сфере охраны окружающей среды. Насколько мне известно, в России создаётся и продвигается план по развитию 18 основных отраслей промышленности. В связи с этим, есть высокая потребность в оснащении рынка оборудованием и технологиями. И тут Корея могла бы стать надёжным партнёром.

— **Какие регионы России представляют наибольший интерес для Южной Кореи?**

Прежде всего хотел бы сказать, что с момента заключения Соглашения об отмене виз между двумя странами в 2014 году возросло число туристов, посещающих Россию. Области интересов могут быть в целом разделены на Дальний Восток и западные регионы.

В западной части России, где расположены мегаполисы, в частности Москва и Санкт-Петербург, хорошо развитая бизнес-инфраструктура, находятся головные офисы крупных российских компаний, широкий потребительский рынок, – всё это делает привлекательным присутствие множества корейских компаний. И естественно, здесь высок интерес компаний, только собирающихся выйти на российский рынок.

В то же время на российском Дальнем Востоке растёт интерес к географическим преимуществам Южной Кореи, «восточной политике» российского правительства, активной деятельности по стимулированию инвестиций на Дальнем Востоке. Плюс — новая политика нового правительства Южной Кореи по налаживанию более тесных связей с наиболее близкими российскими регионами, а также недавнее улучшение в отношениях между Югом и Севером Кореи и США.

단어 TIP!

удовлетворён чем 만족하게 하다 | у́ровень 수준 | вложе́ния куда 투자, 출자 | идёт речь о чём ~에 관하여 말하다 | потенциа́л 잠재력 | инвести́ровать во что 투자하다 | бытова́я те́хника 가전제품 | эксклюзи́вный 독점적인 | поставля́ть/поста́вить 공급하다, 조달하다 | робототе́хника 로봇 공학 | реабилита́ция 재활 | социа́льная адапта́ция 사회적 적응 | инфраструкту́ра 기반 시설, 인프라 | наруше́ние 이상, 위반 | ни́жние коне́чности 하지, 다리 | заи́мствовать/позаи́мствовать что у кого́ 빌리다, 차용하다 | сфе́ра 범위, 영역 | оснаще́ние 장비, 설비 | восто́чная поли́тика 동방정책 | стимули́рование 자극, 격려, 유도 | нала́живание свя́зей 관계 형성

Урок 14. Подписание договора.

Step 2  Упражнения

6. Отметьте правильные ответы на вопросы и утверждения галочкой (✓).

1. **Как развивается уровень инвестиций Южной Кореи в экономику России?**
   1) Сумма инвестиций уменьшается с каждым годом. ( )
   2) Сумма инвестиций в Россию составляет 1% от общего объёма. ( )
   3) Сумма инвестиций растёт с каждым годом. ( )

2. **Сотрудничество в какой отрасли помогло бы ускорить реабилитацию пациентов и их социальную адаптацию?**
   1) В отрасли инфраструктуры. ( )
   2) В отрасли экологии. ( )
   3) В отрасли робототехники. ( )

3. **На какие регионы можно разделить области интересов корейских компаний?**
   1) На Дальний Восток и западные регионы. ( )
   2) На Москву и Петербург. ( )
   3) На 18 основных отраслей промышленности. ( )

Step 3

Задание

Какую область сотрудничества между Республикой Корея и Россией вы считаете перспективной и почему? Какие трудности нашим странам необходимо преодолеть? В какой области вы сами планируете сотрудничать с Россией?

Отдохнём! (Пословицы)
쉬어갑시다!

Первый блин комом.
한 번 실수는 병가의 상사. (첫 번째 블린은 망가지기 마련이다.)

В современном русском языке эта пословица означает, что с первого раза не всё получается хорошо, тем не менее, не стоит отчаиваться. Кто пробовал печь блины, тот знает, что первый блин часто получается неудачным, сворачивается комком из-за недостаточно разогретой сковороды.

1. Известный футбольный тренер Анатолий Бышовец подвёл итоги работы главного тренера «Енисея» Дмитрия Аленичева: «У него не получилось с юношеской сборной России. Я его тогда поддержал, успокаивал, говорил, что если первый блин комом, то это к большому к успеху. Ведь проигрывающий анализирует всегда глубже».

> **단어 TIP!**
>
> получа́ться/получи́ться 해내다 | ю́ношеская сбо́рная 청소년 대표팀 | подде́рживать/поддержа́ть 격려하다 | успока́ивать/успоко́ить 안심시키다 | прои́грывающий 패하는, 패자 | анализи́ровать 분석하다

2. И вот после долгих репетиций настало событие городского масштаба: состоялась премьера первого спектакля. Волнение у участников было огромное. Первый блин комом не оказался. Спектакль прошел без каких-либо сбоев. Каждый номер вызывал в зале бурные аплодисменты. Мы, как дети, радовались и были бесконечно счастливы, ведь это было первое в жизни выступление на сцене и такое удачное.

단어 TIP!

репети́ция 리허설 | городско́й масшта́б 도시 규모 | премье́ра 첫 공연 | сбой 혼선 | бу́рные аплодисме́нты 큰 박수

출처 : *sportsdaily.ru*
chistopol-rt.ru

Урок 14. Подписание договора.

Важные выражения
주요 표현

1. Не хотите ли взглянуть на проект нашего договора?

2. Все формулировки точные и не допускают разночтения.

3. Поясните, пожалуйста, что именно вы имеете в виду.

4. Задержкой поставки вы сорвали наши производственные планы.

5. Разумеется, вам придётся заплатить неустойку.

6. Составьте список поправок и уточнений.

7. Я хочу, чтобы наш контракт исключил возможность недопониманий в будущем.

8. Мы учли ваши замечания и доработали проект договора.

9. У вас есть вопросы по срокам, обязательствам сторон или формулировкам?

10. Мы планируем официальное подписание договора и банкет.

11. Мы очень рады работать с такими партнёрами,

как ва́ша компа́ния.

12. Дава́йте отпра́зднуем это собы́тие!

13. Мно́гое бы́ло сде́лано, что́бы э́тот докуме́нт стал реа́льностью.

14. Дава́йте скрепи́м догово́р по́дписями.

15. Догово́р соста́влен на ру́сском и коре́йском языка́х.

16. Мне всегда́ прия́тно име́ть с ва́ми де́ло.

УРОК 15

공항 배웅하기
Проводы в аэропорт

제 15과. 공항 배웅하기

 **Диалог**
기본대화

Надеюсь, мы продолжим наше сотрудничество

Step 1

Перед расставанием партнёры благодарят друг друга, и Ким Минсу приглашает А. А. Романова в Корею.

Ким Минсу: Андре́й Алекса́ндрович, я хочу́ поблагодари́ть вас за то внима́ние, кото́рое вы нам удели́ли в хо́де э́того визи́та. Спаси́бо за по́мощь, до́брые сове́ты, а та́кже интере́сную культу́рную програ́мму. Три неде́ли пролете́ли как оди́н день. От лица́ всех уча́стников коре́йской стороны́, хочу́ сказа́ть, что мы восхищены́ высо́ким профессионали́змом на́ших росси́йских партнёров, их компете́нцией в делов́ых вопро́сах, а та́кже ли́чным обая́нием и доброжела́тельностью.

А. А. Романов: Я сча́стлив, что вам понра́вилось у нас. Мы ведь о́чень жда́ли ва́шего визи́та и поэ́тому стара́лись сде́лать всё возмо́ж-

	ное, что́бы он был успе́шным.
Ким Минсу:	Я о́чень рад, что на́ша сде́лка наконе́ц состоя́лась. Уве́рен, что на́ше сотру́дничество бу́дет взаимовы́годным.
А. А. Рома́нов:	Не сомнева́юсь, что э́то так и бу́дет! Мне доста́вило огро́мное удово́льствие рабо́тать с ва́ми, ми́стер Ким. Вы профессиона́л высо́кого кла́сса. Наде́юсь, что мы продо́лжим на́ше сотру́дничество в бу́дущем.
Ким Минсу:	Обяза́тельно! Кста́ти, Андре́й Алекса́ндрович, вы говори́ли, что никогда́ не́ были в Коре́е. Мо́жет, на́шу сле́дующую сде́лку мы заключи́м в Сеу́ле и, так сказа́ть, совмести́м поле́зное с прия́тным?
А. А. Рома́нов:	Замеча́тельная иде́я! Я могу́ э́то рассма́тривать как официа́льное приглаше́ние?
Ким Минсу:	Безусло́вно. Ну что, согла́сны? Мы возьмём на себя́ все расхо́ды по ва́шему пребыва́нию в Коре́е: опла́тим пита́ние и экску́рсии. За ваш счёт остаётся то́лько доро́га туда́ и обра́тно. Как вы на э́то смо́трите? По рука́м?
А. А. Рома́нов:	По рука́м! Э́то бы́ло бы здо́рово!
Ким Минсу:	Неплохо́е вре́мя для пое́здки – октя́брь.

	В октябре́ у меня́ не так мно́го дел. А вас октя́брь устра́ивает?
А.А. Рома́нов:	Вполне́.
Ким Минсу́:	Ну тогда́ договори́лись. Дета́ли обсу́дим пото́м.

 **Step 2** **A** Новые слова

■ благодари́ть/поблагодари́ть	*кого́ за что*	감사하다
■ уделя́ть/удели́ть внима́ние		배려하다, 잘해주다
■ в хо́де ~ перегово́ров ~ визи́та	*чего́*	~ 도중에, ~ 동안 협상 도중에 방문 도중에
■ пролете́ть как оди́н день		빨리 지나가다 (하루처럼 지나가다)
■ от лица́	*кого́*	~ 대표하여, ~ 대신
■ профессионали́зм профессиона́л		전문성 전문가
■ восхища́ться/восхити́ться восхити́тельный	*кем/чем*	감탄하다, 찬탄하다 감탄스러운

Урок 15. Проводы в аэропорт

- компете́нция   *в чём*   전문 지식

- обая́ние   매력

- де́лать/сде́лать всё возмо́жное   최선을 다하다

- сде́лка   거래
  заключа́ть/заключи́ть сде́лку   거래하다
  расторга́ть/расто́ргнуть сде́лку   거래를 파기하다

- состоя́ться   이루어지다, 실현되다

- совмеща́ть/совмести́ть   결합하다

- доставля́ть/доста́вить удово́льствие   기쁨을 주다, 즐겁게 해 주다

- замеча́тельный   훌륭한

- рассма́тривать   *как что/как кого*   ~로 생각하다

- брать/взять на себя́   부담하다, 책임지다

- за счёт   *кого*   ~의 비용으로

- по рука́м!   그렇게 합시다!

Step 3 Упражнения

1. Составьте предложения, с выражениями «от лица», «от имени», «по поручению» и «как представитель» и глаголы «поздравлять», «желать», «благодарить». Используйте следующие выражения в правильной форме.

Пример:
- От лица
  - вся наша компания   - поздравлять   - день рождения
  → От лица всей нашей компании поздравляю Вас с днём рождения!

1.	• От лица • От имени • По поручению • Как представитель	- вся наша компания - все сотрудники - весь коллектив - руководство - моя большая семья
	- поздравлять с чем - желать чего - благодарить за что	- день рождения - высокий профессионализм - успешно выполненная работа - отличные результаты - прекрасный отдых - тёплый приём - крепкое здоровье

Step 4

Задание

Представьте себе, что вы уезжаете домой после успешной встречи с партнёрами. Поблагодарите их за тёплый приём и пригласите их приехать в Корею. Предложите время для их поездки и уточните, какие расходы вы возьмёте на себя. Составьте диалог, аналогичный Диалогу 1.

Диалог
기본-대화

Счастливого пути!

Андрей Романов приехал в аэропорт проводить Ким Минсу и помогает ему зарегистрироваться на рейс и пройти все необходимые процедуры. Партнёры прощаются и договариваются встретиться в Сеуле.

А. А. Романов: Здра́вствуйте, ми́стер Ким! Как вы бы́стро дое́хали!

Ким Минсу: Здравствуйте, Андре́й Алекса́ндрович! Спаси́бо, что прие́хали проводи́ть нас! Я зна́ю, что вы о́чень за́няты, поэ́тому осо́бенно ценю́, что вы согласи́лись удели́ть нам вре́мя.

А. А. Романов: Ну, что́ вы, это само́ собо́й разуме́ется. Во ско́лько у вас самолёт? Вам ещё ну́жно что-нибудь сде́лать до отлёта?

Ким Минсу: Рейс вылета́ет в 19:10, мы прие́хали с больши́м запа́сом. Но нам ещё ну́жно офо́рмить возвра́т нало́гов и загляну́ть в дью́ти-фри — мы не успе́ли купи́ть суве-

	ниры сотру́дникам.
А. А. Рома́нов:	Хорошо́, что вы прие́хали зара́нее. Пойдёмте к сто́йке регистра́ции, я помогу́ вам зарегистри́роваться на рейс, сдать бага́ж и получи́ть поса́дочный тало́н.
Ким Минсу:	Да, пойдёмте, как раз начала́сь регистра́ция на наш рейс.

— — — — —

Ким Минсу:	Ну вот мы и прошли́ все необходи́мые процеду́ры. Пришло́ вре́мя проща́ться. Спаси́бо ещё раз за тёплый приём, кото́рый вы нам оказа́ли, за по́мощь и подде́ржку.
А. А. Рома́нов:	Мне бы́ло о́чень прия́тно познако́миться с ва́ми ли́чно! Жела́ю вам добра́ться без заде́ржек. Па́спортный контро́ль и досмо́тр багажа́ сейча́с прохо́дят бы́стро, так что, ду́маю, у вас ещё оста́нется запа́с вре́мени.
Ким Минсу:	Спаси́бо за до́брые пожела́ния. Я то́же ду́маю, что у нас не возни́кнет пробле́м.
А. А. Рома́нов:	Счастли́вого вам пути́! Позвони́те, как долети́те.
Ким Минсу:	Непреме́нно. Ну всё, я пошёл. Счастли́во остава́ться и до встре́чи в Сеу́ле!
А. А. Рома́нов:	Всего́ до́брого. Счастли́вого пути́.

제 15과. 공항 배웅하기

Step 2

   A   Новые слова

15-04

- цени́ть — 귀중히 여기다

- уделя́ть/удели́ть вре́мя — 시간을 내다

- само́ собо́й разуме́ется — 당연한 일이다, 말할 것도 없다

- рейс — (항공)편

- запа́с — 여유
  예) У нас есть запа́с вре́мени. 우리는 시간 여유가 있다.

- возвра́т   *чего* — 반환, 환급
  ~ нало́гов — 세금 환급

- магази́н дью́ти-фри — 면세점

- сто́йка регистра́ции — 탑승 등록 데스크

- регистри́роваться/зарегистри́роваться — 등록하다
  ~ на рейс — 탑승 등록하다

- бага́ж — 화물, 짐
  сдава́ть/сдать бага́ж — 짐을 부치다
  получа́ть/получи́ть бага́ж — 짐을 찾다

■ поса́дочный тало́н	탑승권
■ процеду́ра проходи́ть/пройти́ процеду́ру	수속, 절차 절차를 밟다
■ приём тёплый приём ока́зывать/оказа́ть приём	응접, 접대 환대, 친절한 대접 대접하다
■ заде́ржка	지연, 지체
■ па́спортный контро́ль	출입국 심사
■ досмо́тр багажа́	수화물 검사

Step 3    Упражнения

2. Составьте по два предложения с выражениями «Я высоко/очень/особенно ценю». Используйте следующие выражения в правильной форме.

Пример:
- Я высоко ценю   ▫ ваша помощь
→ Я высоко ценю вашу помощь.

제 15과. 공항 배웅하기

1.	▪ Я высоко ценю ▪ Я очень ценю ▪ Я особенно ценю	▫ ваша помощь ▫ большая честь, оказанная мне ▫ наша крепкая дружба ▫ возможность поговорить об этом ▫ твоя забота
		▫ что вы помогаете мне ▫ что мне оказана большая честь ▫ что мы крепко дружим ▫ что мы можем поговорить об этом ▫ что ты заботишься обо мне

Step 4

Задание

Представьте себе, что вы провожаете партнёров в аэропорту или улетаете сами. Поблагодарите за тёплый приём и пожелайте счастливого пути. Составьте диалог, аналогичный Диалогу 2.

# Диалог
기본대화

Спасибо, что позвонили!

Step 1

15-05

Ким Минсу звонит Андрею Романову и сообщает, что хорошо долетел. Партнёры желают друг другу хорошо отдохнуть в выходные и договариваются о продолжении работы с понедельника.

Ким Минсу: Здравствуйте, мистер Романов! Звоню вам, чтобы сказать, что мы отлично долетели.

А. А. Романов: Спасибо, что позвонили! Мы немного волновались за вас, из-за плохой погоды.

Ким Минсу: Да, я тоже переживал, но ничего страшного не случилось. Рейс вылетел вовремя, без задержек, и приземлились мы без проблем.

А. А. Романов: Ну отлично, я очень рад! Вы, наверное, очень устали с дороги. Как говорится, в гостях хорошо, а дома лучше! Желаю вам хорошо отдохнуть в выходные. А с понедельника за работу с новыми силами!

	Нас с вами ждёт много дел!
Ким Минсу:	Да, конечно, я помню обо всех наших договорённостях. Я уже сегодня отдам все необходимые распоряжения. Думаю, к понедельнику уже будут первые новости. Я обязательно напишу вам.
А. А. Романов:	Спасибо за оперативность! Желаю вам хорошо отдохнуть. И ещё раз благодарю за ваш визит.
Ким Минсу:	До свидания! Хороших вам выходных!

Step 2

Новые слова

■ переживать	걱정하다, 애가 타다
■ вылетать/вылететь	이륙하다
■ приземляться/приземлиться	착륙하다
■ устать с дороги	장거리 여행으로 피곤하다
■ В гостях хорошо, а дома лучше.	(속담) 집이 최고다!
■ договорённость	협정, 조약, 협약

- распоряже́ние 지시
  отдава́ть/отда́ть распоряже́ние 지시하다

- операти́вность 실행성, 실행 능력

Step 3  Упражнения

3. Составьте предложения со словами «волноваться/бояться/беспокоиться за *кого* из-за *чего*». Используйте следующие слова и выражения в правильной форме.

Пример:
- Я ▫ волноваться ▪ свои дети ▫ проблемы в школе
→ Я волну́юсь за свои́х дете́й из-за пробле́м в шко́ле.

1.	• Я • Мы • Они • Директор • Преподаватель	▫ волноваться за *кого* из-за *чего* ▫ бояться за *кого* из-за *чего* ▫ беспокоиться за *кого* из-за *чего*
	• свои дети • новые студенты • пожилые родители	• российские партнёры • сотрудники компании
	▫ слабое здоровье ▫ проблемы в школе	▫ плохие условия работы ▫ низкие доходы

Урок 15. Проводы в аэропорт

□ плохие оценки

Step 4

Задание

Представьте себе, что вернулись домой из поездки и звоните человеку, который вас провожал. Расскажите ему, как вы долетели. Составьте диалог, аналогичный Диалогу 3.

제 15과. 공항 배웅하기

Чтение
독해

12 национальных проектов России

Step 1  Текст

15-07

Для достижения целей, поставленных президентом, правительство России разработало 12 проектов по направлениям социально-экономического развития. Инвесторам эта информация поможет понять, какие направления развития правительство России считает наиболее важными. Здесь мы только обозначим отрасли и важнейшие из поставленных задач.

В области здравоохранения поставлены задачи: снижение смертности населения, реализация программ борьбы с онкологическими и сердечно-сосудистыми заболеваниями; развитие детского здравоохранения, создание современной инфраструктуры оказания медицинской помощи детям.

В образовании Россия будет стремиться к вхождению в число 10 ведущих стран мира по качеству общего образования; формированию эффективной системы выявления, поддержки и развития способностей и талантов у детей и молодежи, созданию современной и безопасной цифровой образовательной среды;

Главными целями в области жилья и городской среды станут обеспечение доступным жильем семей со средним достатком и кардинальное повышение комфортности городской среды.

Основные задачи в области экологии — кардинальное снижение уровня загрязнения воздуха в крупных промышленных центрах и повышение качества питьевой воды.

В автодорожной отрасли правительство ставит цели по снижению доли перегруженных автодорог федерального и регионального значения на 10 процентов, снижение смертности в ДТП в 3,5 раза по сравнению с 2017 годом.

Основные задачи рынка труда — рост производительности на средних и крупных предприятиях не ниже 5 процентов в год; сокращение административных ограничений, препятствующих росту производительности.

Задачи России в отрасли науки — вхождение в пятёрку ведущих стран мира, создание не менее 15 научно-образовательных центров мирового уровня на основе интеграции университетов и научных организаций.

В сфере цифровой экономики особое внимание будет уделено увеличению затрат на развитие цифровой экономики не менее чем в три раза по сравнению с 2017 годом, использование преимущественно отечественного программного обеспечения органами власти и местного самоуправления.

В области культуры правительство будет прилагать особые усилия для укрепления российской гражданской идентичности на основе духовно-нравственных и культурных ценностей народов, а также уделит внимание созданию культурно-образовательных и музейных комплексов, включающих в себя концертные залы, театральные, музыкальные, хореографические и другие творческие школы.

Для малого бизнеса правительство упростит налоговую отчетность, усовершенствует систему закупок крупнейшими заказчиками у субъектов малого и среднего бизнеса, упростит доступ к льготному финансированию.

Для развития сотрудничества и экспорта поставлены цели достижения объема экспорта несырьевых неэнергетических товаров в размере 250 млрд долларов в год, в том числе продукции машиностроения — 50 млрд долларов и продукции агропромышленного комплекса — 45 млрд долларов.

В целях развития магистральной инфраструктуры будет сокращено время перевозки контейнеров железнодорожным транспортом, увеличен объем транзитных перевозок контейнеров в четыре раза, проведена реконструкция инфраструктуры региональных аэропортов.

단어 TIP!

ста́вить/поста́вить цель 목표를 세우다 | о́трасль, о́бласть, сфе́ра 분야, 부문 | социа́льно-экономи́ческий 사회경제학적 | сме́ртность 사망률 | онкологи́ческий 악성종양의, 암의 | серде́чно-сосу́дистый 심장혈관의 | выявле́ние 검출 | цифрова́я среда́ 디지털 환경 | досту́пное жилье́ 저렴한 주택 | кардина́льный 근본적인, 본질적인 | загрязне́ние 오염 | автодоро́жный 교통 도로의 | перегру́женный 과중한 | федера́льный 연방의 | региона́льный 지역의 | ДТП(=доро́жно-тра́нспортное происше́ствие) 교통 사고 | ры́нок труда́ 노동 시장 | производи́тельность 생산성 | администрати́вные ограниче́ния 행정적 제한 | нау́чно-образова́тельный центр 과학 교육 센터 | интегра́ция 통합 | цифрова́я эконо́мика 디지털 경제 | програ́ммное обеспе́чение 소프트웨어 | о́рган ме́стного самоуправле́ния 지방 자치 단체 | иденти́чность 정체성 | духо́вно-нра́вственные це́нности 영적 & 도덕적 가치 | нало́говая отче́тность 납세 보고 | льго́тный 특혜의 | несырьево́й 비원료 분야의 | неэнергети́ческий 비에너지 분야의 | машинострое́ние 기계 제조업 | агропромы́шленный ко́мплекс 농공업 | магистра́льная инфраструкту́ра 간선 인프라 | транзи́тные перево́зки 통과화물 운송

Step 2  Упражнения

4. Отметьте правильные ответы на вопросы и утверждения галочкой (✓).

1. **В чём может помочь инвесторам информация о национальных проектах России?**
   1) Эта информация поможет понять, в каких областях будут изменения. ( )
   2) Эта информация поможет понять, какие цели поставил президент. ( )
   3) Эта информация поможет понять, какие направления развития важны для правительства России. ( )

2. **Развитие какой отрасли не включено в 12 национальных проектов?**
   1) Экология ( )
   2) Культура ( )
   3) Добыча нефти ( )

3. **Какие изменения правительство не планирует в области цифровой экономики?**
   1) Увеличение затрат на развитие области. ( )
   2) Внедрение корейской системы цифрового правительства. ( )
   3) Использование преимущественно отечественного программного обеспечения. ( )

제15과. 공항 배웅하기

Step 3

Задание

Расскажите, какие цели ставит перед собой правительство Кореи. Всегда ли правительство достигает поставленных целей? Какие из них самые важные лично для вас?

Отдохнём! (Пословицы)

쉬어갑시다!

В гостях хорошо, а дома лучше.
집이 최고다!

Так обычно говорят при возвращении домой после долгого отсутствия или при сборах домой откуда-нибудь. Человек всегда стремится в родные места, к привычному образу жизни. Вдали от родины человек всегда вспоминает свой дом и родные места и стремится вернуться туда.

1. Чемпион мира по боксу в лёгком весе Василий Ломаченко поделился с подписчиками новой фотографией. Василий провёл тренировочные сборы в Тайланде, после чего вернулся в родной Белгород-Днестровский и тут же опубликовал в соцсетях своё фото. "В гостях хорошо, а дома лучше!", — подписал фото чемпион.

단어 TIP!

лёгкий вес 라이트 웨이트 | подпи́счик 팔로워 | трениро́вочные сбо́ры 훈련 캠프 | соцсе́ть (=социальная сеть) 소셜 네트워크

2. Мы побывали на острове Сенья в Норвегии, который является вторым по величине в стране. Именно здесь находятся знаменитые скалы под названием Бычьи Рога, а так же музей настоящих троллей. Теперь нам пора в обратный путь. Снова через горные тоннели, вдоль живописных фьордов, домой. Ведь в гостях хорошо, а дома лучше.

단어 TIP!

быва́ть/побыва́ть 돌아다니다, 방문하다 | величина́ 크기 | скала́ 암석 | Бы́чьи Рога́ 노르웨이의 산 이름 (원명 Okshornan) | тро́лль 트롤 | обра́тный 돌아가는 | живопи́сный 그림같은, 아름다운 | фьорд 피오르

출처 : sector.depo.ua
tv21.ru

Урок 15. Проводы в аэропорт

Важные выражения
주요 표현

15-08

1. Хочу́ поблагодари́ть вас за то внима́ние, кото́рое вы удели́ли нам в хо́де э́того визи́та.

2. От лица́ всех уча́стников, хочу́ сказа́ть, что мы восхищены́ ва́шим профессионали́змом.

3. Я сча́стлив, что вам понра́вилось у нас.

4. Мы постара́лись сде́лать всё возмо́жное, что́бы ваш визи́т был успе́шным.

5. Уве́рен, что на́ше сотру́дничество бу́дет взаимовы́годным.

6. Я о́чень рад, что на́ша сде́лка состоя́лась.

7. Наде́юсь, что мы продо́лжим на́ше сотру́дничество в бу́дущем.

8. Мне доста́вило огро́мное удово́льствие рабо́тать с ва́ми.

9. Мы возьмём на себя́ расхо́ды по ва́шему пребыва́нию.

10. Я о́чень ценю́, что вы согласи́лись удели́ть нам вре́мя.

11. Я помогу́ вам зарегистри́роваться на рейс, сдать

багáж и получи́ть посáдочный талóн.

12. Спаси́бо за тёплый приём, котóрый вы нам оказáли!

13. Счастли́вого пути́! - Счастли́во оставáться!

14. Звоню́ вам, чтóбы сказáть, что мы отли́чно долете́ли.

15. Вы, навéрное, óчень устáли с дорóги?

16. Желáю вам хорошó отдохну́ть.

УРОК 16

주문 배송하기

Доставка заказа

제16과. 주문 배송하기

Диалог
기본대화

Когда вы планируете отправку?

Ким Минсу уже в Сеуле, ему звонит А. А. Романов из России. Партнёры договариваются о сроках доставки заказа. Корейская сторона обещает уложиться в срок и выполнить свои обязательства.

А. А. Романов:	Здра́вствуйте, ми́стер Ким! Я звоню́ узна́ть, когда́ вы плани́руете отпра́вку на́шего зака́за?
Ким Минсу:	До́брый день! Рад Вас слы́шать! Ваш зака́з уже́ в произво́дстве. Как раз сего́дня мы получи́ли с заво́да подтвержде́ние сро́ков отпра́вки. Отпра́вка бу́дет не по́зже, чем че́рез ме́сяц по́сле опла́ты.
А. А. Романов:	Че́рез ме́сяц по́сле опла́ты? Это зна́чит в декабре́? Но это же сли́шком по́здно! Нельзя́ ли уско́рить э́то де́ло?
Ким Минсу:	Я постара́юсь уско́рить ваш зака́з. Не беспоко́йтесь, мы уло́жимся в контра́ктные сро́ки и вы́полним свои́ обяза́тельства.

А. А. Романов:	Да, пожалуйста, это было бы очень хорошо. Месяц — это слишком долго. Мы знаем, что вы умеете работать в условиях гораздо меньших сроков. По возможности прошу вас уложиться до конца ноября.
Ким Минсу:	Хорошо, мы постараемся, но пока не могу вам этого обещать.
А. А. Романов:	Ну что ж, это тоже неплохо. Но пожалуйста, проследите за тем, чтобы не было задержки. В противном случае, вы нас очень подведёте.
Ким Минсу:	Да-да, я вас понимаю. Мы постараемся сделать всё возможное.
А. А. Романов:	Хорошо, спасибо. Да, чуть не забыл — пожалуйста, примите во внимание тот факт, что и в России, и в Корее таможенные процедуры займут немало времени. Это тоже надо учесть при определении сроков отправки.
Ким Минсу:	Да, конечно. Мы всё учтём и постараемся соблюсти сроки доставки, о которых договорились с вами – середина декабря. Прошу вас не волноваться.
А. А. Романов:	Ну что ж, буду надеяться, что вы нас не подведёте.

제 16과. 주문 배송하기

Step 2

 **Новые слова**

■ отпра́вка	발송, 출발
■ произво́дство	생산, 공장
■ подтвержде́ние	확인, 확증
■ не по́зже, чем ~	~보다 늦지 않게, ~까지
■ опла́та	지불, 지급
■ ускоря́ть/уско́рить	촉진하다, 앞당기다
■ укла́дываться/уложи́ться *во что*	일정한 기간 내에 끝내다
■ срок ~ доста́вки	기일, 기한, 기간 인도 기일(기한), 납기
■ выполня́ть/вы́полнить	수행하다, 이행하다, 완수하다
■ заде́ржка без заде́ржки	지체, 중지 지체 없이
■ подводи́ть/подвести́ *кого*	실망시키다, 난처하게 하다

■ принима́ть/приня́ть во внима́ние	깊이 생각하다, 고려하다
■ процеду́ра тамо́женная процеду́ра	절차 통관 절차
■ учи́тывать/уче́сть	고려하다, 숙고하다, 생각에 넣다
■ соблюда́ть/соблюсти́	지키다, 준수하다

Step 3 Упражнения

1. Составьте предложения со словом. Используйте следующие слова и выражения в правильной форме.

Пример:
- Мы получили подтверждение *о чём / чего*
- сроки производства
→ Мы получили подтверждение о сроках производства.
  Мы получили подтверждение сроков производства.

1.	• Мы получили подтверждение *о чём*	▫ сроки производства ▫ готовность к отправке ▫ выполнение заказа ▫ успешное окончание задания ▫ своевременная доставка

435

| • Мы получили под- | ▫ намерение партнёров |
| твержденне *чего* | |

2. Продолжите предложение, используя следующие выражения в правильной форме.

Пример:
- • Меня подвёл   ▫ погода   ▫ попал под дождь.
- → Меня подвела погода и я попал под дождь.

1.	• Меня подвёл (-а, -о, -и,)	▫ погода
		▫ поставщики
		▫ друг
		▫ старая машина
		▫ компьютер
	▫ не успел на работу	
	▫ не смог выполнить задание	
	▫ попал под дождь	
	▫ провёл отпуск в городе	
	▫ не получил товар	

Step 4

Задание

Выясните у вашего партнёра сроки доставки заказа. Обратите его внимание на то, что нужно учесть при расчёте сроков. Попросите его ускорить отправку груза. Составьте диалог, аналогичный Диалогу 1.

Диалог
기본대화

Вы нас не подвели!

Step 1

Первый груз доставлен вовремя и без повреждений. Российская сторона решает делать второй заказ. Партнёры договариваются попробовать доставку по железной дороге.

Ким Минсу: Здравствуйте, Андрей Александрович! Я звоню проверить, всё ли хорошо с вашим заказом. Я слышал, что вчера первая партия товара была доставлена.

А. А. Романов: Добрый день, мистер Ким! Спасибо за звонок! Да, всё хорошо. Мы проверили товар, повреждений нет и с упаковочным листом всё сходится. Будем делать второй заказ!

Ким Минсу: Прекрасно! Я очень рад! Мы ускорили отправку, как вы просили. Очень рад, что нам удалось успеть до новогодних праздников.

А. А. Романов: Да, спасибо, вы нас не подвели, груз

	пришёл во́время!
Ким Минсу́:	Вы говори́ли, что втора́я па́ртия не сро́чная. Мо́жет быть, попро́буем доста́вку по желе́зной доро́ге? Вам это деше́вле обойдётся.
А. А. Рома́нов:	Да, мо́жно попро́бовать. Доста́вка а́виа действи́тельно о́чень до́рого нам обошла́сь. Тем бо́лее, объём второ́й па́ртии большо́й, име́ет смысл сэконо́мить на доста́вке. А ско́лько вре́мени займёт доста́вка по желе́зной доро́ге?
Ким Минсу́:	По на́шему о́пыту доста́вка по́ездом до Москвы́ занима́ет о́коло трёх неде́ль. Груз прохо́дит тамо́жню во Владивосто́ке и идёт по транссиби́рской магистра́ли.
А. А. Рома́нов:	Поня́тно. Да, дава́йте попро́буем. Мы пришлём зака́з в ближа́йшие дни.
Ким Минсу́:	Отли́чно. Мы подгото́вим инво́йс. Зака́з бу́дет гото́в к отпра́вке в середи́не апре́ля.
А. А. Рома́нов:	Ясно. Зна́чит, к ле́ту полу́чим. У нас как раз ле́том сезо́н прода́ж.
Ким Минсу́:	Отли́чно, договори́лись!

제 16과. 주문 배송하기

Step 2

 **Новые слова**

■ проверя́ть/прове́рить	확인하다, 점검하다
■ па́ртия	(동종의) 한 품목, 한 벌, 한 묶음
~ това́ра	물품의 한 묶음, 한 번의 주문량
■ поврежде́ние	손상
■ сходи́ться/сойти́сь	맞다
расчёты сошли́сь	계산이 맞았다
■ удава́ться/уда́ться	성공하다, 성과적으로 나타나다
■ успева́ть/успе́ть	제때에 하다, 기한 내에 하다
■ пра́здники	연휴
нового́дние ~	새해 연휴
ма́йские ~	5월 연휴
■ во́время	제때, 제시간에, 적시에, 때마침
■ доста́вка	배송
~ по́ездом(=по желе́зной доро́ге)	철도 배송
~ а́виа(=самолётом)	항공 배송

Урок 16. Доставка заказа

- сро́чный   긴급한

- обходи́ться/обойти́сь   값이 나가다, 비용이 들다
  - ~ до́рого   비싸게 사다
  - ~ дёшево   저렴하게 사다
  - ~ во ско́лько   얼마에 사다

  예) Эта кни́га обошла́сь мне всего́ в две́сти рубле́й.
  이 책을 사는 비용은 이백루블 밖에 안 들었다.

- смысл   의미, 가치
  име́ть смысл   ~할 가치가 있다,
                                                    ~할 의미가 있다

- эконо́мить/сэконо́мить   *на чём*   절약하다

- о́пыт   경험

- тамо́жня   세관
  проходи́ть/пройти́ тамо́жню   세관을 통과하다

- про́бовать/попро́бовать   시도하다

- сезо́н прода́ж   판매 성수기

441

Step 3  Упражнения

3. Составьте предложения со словами «обходиться/обойтись» и «экономить/сэкономить». Используйте следующие слова и выражения в правильной форме.

Пример:
- Отпуск   ▫ обходиться/обойтись   ▫ очень дорого
→ Отпуск обошёлся мне очень дорого.

- Я   ▫ экономить/сэкономить   ▫ авиабилеты
→ Я не экономлю на авиабилетах.

1.	• Отпуск • Новая машина • Покупка одежды • Поездка на море • Ремонт квартиры	▫ обходиться /обойтись *кому во сколько*	▫ очень дорого ▫ очень дёшево ▫ двести тысяч рублей ▫ совсем не дорого ▫ половина зарплаты
2.	• (не) экономить/сэкономить на чём		▫ авиабилеты ▫ стройматериалы ▫ отель ▫ зимняя одежда ▫ комфорт ▫ качество

Step 4

Задание

Партнёр предлагает вам попробовать новый способ доставки для следующего заказа. Выясните, сколько займёт доставка и во сколько она вам обойдётся. Составьте диалог, аналогичный Диалогу 2.

# Диалог
기본대화

Почему вы не учли возможность задержки?

Step 1

Второй груз задерживается. Партнёры обсуждают причины задержки и сроки прибытия груза.

А. А. Романов:	Здра́вствуйте, ми́стер Ким! Вам звони́т Рома́нов из «Автопро́ма». У нас пробле́ма.
Ким Минсу:	Что тако́е? Что-нибу́дь случи́лось?
А. А. Романов:	Да. А ра́зве вы не зна́ете? Мы рассчи́тывали, что наш зака́з прибу́дет в нача́ле ма́я. А сего́дня уже́ 22-ое ма́я, а на́шего гру́за всё ещё нет. В чём де́ло?
Ким Минсу:	Вы пра́вы, была́ небольша́я заде́ржка из-за досмо́тра на тамо́жне, а пото́м вы́ход гру́за с тамо́жни был перенесён из-за ма́йских пра́здников. Но сейча́с всё уже́ в поря́дке, груз вы́шел с тамо́жни неде́лю наза́д и сейча́с нахо́дится в райо́не Ирку́тска.
А. А. Романов:	Но почему́ вы нам сра́зу об э́том не со-

	общи́ли и не оказа́ли возде́йствие на тамо́жню? Вы ведь ча́сто име́ете с ни́ми де́ло!
Ким Минсу:	Мы ду́мали, что мы опозда́ем с доста́вкой дня на 3-4, а оказа́лось, что на це́лых две неде́ли. Вы пра́вы, мы должны́ были уче́сть, что они́ до сих пор рабо́тают по старинке́.
А. А. Рома́нов:	О́чень жаль, что вы не при́няли во внима́ние вероя́тность тако́й заде́ржки. Когда́ же нам тепе́рь ждать на́ши ваго́ны?
Ким Минсу:	Не беспоко́йтесь, пожа́луйста. Через неде́лю груз уже́ бу́дет у вас!
А. А. Рома́нов:	Ну хорошо́, мы подождём. Наде́юсь, что заде́ржек бо́льше не бу́дет. Ина́че груз опозда́ет, мы не успе́ем прода́ть това́р в сезо́н. Вы же понима́ете, дорога́ ло́жка к обе́ду.
Ким Минсу:	Уве́рен, что всё бу́дет по пла́ну.

Step 2  Но́вые слова́

- случа́ться/случи́ться — 생기다, 발생하다, 일어나다

- ра́зве — 정말로 ~일까?

예) Рáзве э́то вку́сно? 이 요리가 정말 맛있어요?

- прибыва́ть/прибы́ть　　　　　　　도달하다, 도착하다

- всё ещё　　　　　　　아직도

- досмо́тр　　　　　　　조사, 심사, 검사

- переноси́ть/перенести́　　　　　　　옮기다, 시간을 변경하다

- поря́док　　　　　　　규칙, 준법, 질서

예) Всё в поря́дке. 문제가 없다.

- име́ть де́ло　　*с кем*　　　　　　～를 상대하다

- по стари́нке　　　　　　　옛 방식대로

- приня́ть во внима́ние　　　　　　　고려하다

- вероя́тность　　　　　　　가능성

- ина́че　　　　　　　그렇지 않으면

- ока́зываться/оказа́ться　　　　　　　～인 것을 알게 되다, 판명나다

- вагóн   기차의 한 량

- Дорогá лóжка к обéду.   (속담) 모든 것은 때가 있다.

Step 3  Упражнения

4. Составьте предложения со словом «рассчитывать/рассчитать на *кого-что*», употребляя следующие слова и выражения правильной форме.

Пример:
- Я рассчитываю, что   ▫ хорошая погода
→ Я рассчитываю, что погода будет хорошей.

- Я рассчитываю на *кого-что*   ▫ хорошая погода
→ Я рассчитываю на хорошую погоду.

1.	• Я рассчитываю, что…	▫ успешная торговля с Россией ▫ хорошая погода ▫ своевременное выполнение контракта
	• Я рассчитываю на *кого-что*	▫ успешное проведение переговоров ▫ высокое качество товара

제16과. 주문 배송하기

Step 4

Задание

У вас возникла проблема. Груз не пришёл вовремя. Сообщите о проблеме вашим поставщикам, выясните причины задержки и сроки доставки. Составьте диалог, аналогичный Диалогу 3.

Урок 16. Доставка заказа

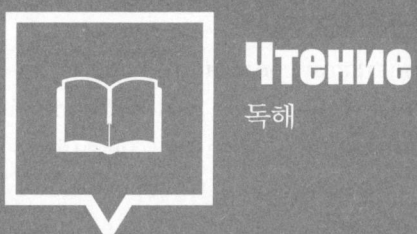

Чтение
독해

Девять мостов сотрудничества между Россией и Кореей

 Текст

В 2017 году, когда в должность вступил президент Мун Джеин, Южная Корея выдвинула предложение об экономическом сотрудничестве с Россией в различных областях.

Президентский комитет Кореи по Северному экономическому сотрудничеству обнародовал свой план на встрече, в которой приняли участие министры финансов, иностранных дел, объединения, торговли и главы других организаций.

Комитет был создан в рамках программы «Новая Северная политика», целью которой является создание обширного экономического региона, охватывающего Корейский полуостров, Дальний Восток России, а также Северо-Восток Азии и Евразии.

Комитет предложил создать «девять мостов» сотрудничества между двумя странами. Этими мостами должны стать природный газ, железные дороги, морские порты, электричество, арктические судоходные маршруты, судостроение, труд, сельское хозяйство и рыболовство.

Совместные проекты включают присоединение трансграничной межкорейской железной дороги к Транссибирской магистрали, а также создание энергосистемы, соединяющей Россию с электроэнергетической сетью Северо-Восточной Азии.

В первую очередь планируется подключение России к суперсети Северо-Восточной Азии и к сибирскому шёлковому пути. Комитет будет сотрудничать с соответствующими российскими министерствами для достижения успехов в этих перспективных проектах.

Для амбициозных проектов Южной Кореи также имеет значение участие Северной Кореи, поскольку некоторая внутренняя инфраструктура проекта, соединяющая Южную Корею и Россию, должна будет проходить и через эту страну.

Вступление Пхеньяна в эту инициативу пока не является реальной достижимой целью на фоне усиленной военной напряжённости. Тем не менее, Комитет заявил, что надеется на участие КНДР в будущем.

Россия является вторым по величине экспортёром сжиженного природного газа в мире, а Южная Корея является вторым по величине импортером СПГ в мире. По данным Агентства по содействию торговле в Южной Корее, в 2016 году Южная Корея экспортировала в Россию товары на общую сумму 5,1 млрд долларов, в основном это были автомобили, автозапчасти и тяжёлая техника.

В целях поддержки корпоративных инвестиций Комитет запустил консультативный орган. Он будет работать с корейскими компаниями, которые уже работают в России или планируют выйти на этот рынок.

Южная Корея и Россия также договорились о совместном

строительстве комплекса по переработке морепродуктов на Дальнем Востоке России. Кроме того, ведутся переговоры о модернизации судоверфи в регионе.

В рамках данного проекта государственный экспортно-импортный банк Кореи представил финансовую программу, по которой в ближайшие три года он отправит 2 млрд долларов инвестиций в проекты на Дальнем Востоке России.

> **단어 TIP!**
>
> вступи́ть в до́лжность 취임하다 | вы́двинуть предложе́ние 제안하다 | президе́нтский комите́т по Се́верному экономи́ческому сотру́дничеству 북방경제협력위원회 | обнаро́довать (с В만) 공개하다, 선포하다, 선언하다 | приня́ть уча́стие 참여하다 | в ра́мках чего ~의 틀 안에서 | охва́тывать/охвати́ть 포괄하다 | аркти́ческий 북극권의 | судохо́дный 항행의 | судострое́ние 조선업 | трансграни́чный 접경의 | межкоре́йский 남북한간의 | энергосисте́ма 동력 시스템, 에너지 시스템 | электроэнергети́ческий 전력 산업 | перспекти́вный 유망한 | амбицио́зный 야심 찬 | инфраструкту́ра 기반 시설 | напряжённость 긴장감 | сжи́женный приро́дный газ (СПГ) 액화 천연 가스 (LPG) | Аге́нтство по соде́йствию торго́вле 무역진흥공사 (KOTRA) | корпорати́вные инвести́ции 기업투자 | ко́мплекс по перерабо́тке морепроду́ктов 수산물 가공 단지 | модерниза́ция 현대화 | судове́рфь 조선소 | э́кспортно-и́мпортный банк Коре́и 한국수출입은행

제16과. 주문 배송하기

Step 2

5. Отметьте правильные ответы на вопросы и утверждения галочкой (✓).

1. Какая отрасль не включена в программу «Девять мостов»?
1) Железные дороги. ( )
2) Электричество. ( )
3) Нефтедобыча. ( )

2. Какие меры в рамках программы «Девять мостов» планируются в первую очередь?
1) Создание обширного экономического региона. ( )
2) Подключение России к суперсети Северо-Восточной Азии.
( )
3) Вступление КНДР в эту инициативу. ( )

3. Что делает Корея для поддержки корпоративных инвестиций?
1) Экспортно-импортный банк Кореи планирует инвестировать 2 млрд долларов в проекты на Дальнем Востоке России. ( )
2) Корея экспортировала в Россию товары на общую сумму 5,1 млрд долларов. ( )
3) Корея запустила консультативный орган для работы с корейскими компаниями. ( )

Step 3

Задание

Расскажите о программе Корейско-Российского сотрудничества «Девять мостов». Какая отрасль кажется вам наиболее перспективной? В какой отрасли сотрудничаете с Россией вы или ваша компания? Почему вы выбрали именно эту отрасль?

제16과. 주문 배송하기

Отдохнём! (Пословицы)
쉬어갑시다!

Дорога ложка к обеду.
모든 것은 때가 있다. (숟가락은 밥 먹을 때 가치가 있는 법이다.)

Эта пословица означает, что всё дорого и ценно только когда появляется в нужный момент. Пословица употребляется, когда что-то сделано или получено вовремя, именно в тот момент, когда в этом особенно заинтересованы или нуждаются, или говорится в упрёк тому, кто не сделал необходимого вовремя.

1. Конечно, этот исследовательский труд ценен и сам по себе, но он является и «ложкой, которая дорога к обеду», то есть именно сейчас к изданию гарантирован повышенный интерес, ведь оно приурочено к столетию писателя Фёдора Абрамова.

단어 TIP!

иссле́довательский 연구의 | сам по себе́ 스스로 | гаранти́рованный 보장된 | повы́шенный 높아진, 상승된 | приуро́ченный к чему ~에 시간을 맞춘

2. Не должно быть иллюзий, что начальник что-то скажет, и всё сразу изменится. Важно понимать все звенья цепи, знать кто за что отвечает, и в чём причина сбоя. Конечно, вопросов пока много, но "ложка дорога к обеду". Люди ждут изменений. Надо активно работать уже сегодня, уже сейчас, особенно над срочными вопросами. — сообщил губернатор Мурманской области Андрей Чибис.

단어 TIP!

иллю́зия 착각, 환상 | звено́ цепи́ 사슬의 고리 | сбой 혼선 | сро́чный 긴급한

출처: *pravdasevera.ru*
51rus.org

Важные выражения
주요 표현

1. Когда́ вы плани́руете отпра́вку на́шего зака́за?

2. Ваш зака́з уже́ в произво́дстве.

3. Нельзя́ ли уско́рить э́то де́ло?

4. Не беспоко́йтесь, мы уло́жимся в сро́ки.

5. Пожа́луйста, проследи́те за тем, что́бы не́ было заде́ржки.

6. Прими́те во внима́ние тот фа́кт, что тамо́женные процеду́ры займу́т нема́ло вре́мени.

7. Мы постара́емся соблюсти́ сро́ки доста́вки, о кото́рых договори́лись с ва́ми.

8. Я звоню́ прове́рить, всё ли хорошо́ с ва́шим зака́зом?

9. Спаси́бо, вы нас не подвели́!

10. Вам э́то деше́вле обойдётся.

11. Име́ет смысл сэконо́мить на доста́вке.

12. Зака́з бу́дет гото́в к отпра́вке в середи́не апре́ля.

13. Что тако́е? Что-нибудь случи́лось?

14. Мы рассчи́тывали, что наш зака́з прибу́дет в нача́ле ма́я.

15. Почему́ вы нам сра́зу об э́том не сообщи́ли?

16. Вы не при́няли во внима́ние вероя́тность заде́ржки.

영역별 용어 정리

Тематический словарь

Нефть и газ

- природный газ — 천연가스
- сжиженный газ — 액화가스
- нефтедобыча — 원유채취
- добыча природного газа — 천연 가스채취
- месторождение нефти (газа) — 유전 (가스전)
- газопровод — 가스라인
- нефтепровод — 송유관
- транспортировка нефти (газа) — 원유(가스) 수송
- нефтеперерабатывающий завод (НПЗ) — 정유공장
- магистральный газопровод — 가스 수송관
- газопроводы распределительных сетей — 지선 가스 수송관
- газокомпрессорная станция — 가스 압축시설
- транзитный газопровод — 경유 가스 수송관

 ## Железные дороги

- железнодорожное сообщение — 철도교통
- транссибирская железнодорожная магистраль (=Транссиб) — 시베리아 횡단철도
- скоростная железная дорога — 고속철도
- скоростной поезд — 고속열차
- сверхскоростной поезд — 초고속열차
- двухколейная железная дорога — 복선 철도
- железнодорожная сеть — 철도망
- протяженность сети — (철도)망 길이

• рельсовые пути	철로
• подвижной состав	철도 차량(철도교통)
• локомотив	기관차
• пассажиропоток	유동 승객수
• грузопоток	화물의 수송량
• ширина колеи	궤간

 **Морские порты**

• грузооборот	화물순환
• пропускная способность	처리역량
• терминал	터미널
пассажирский ~	승객터미널
угольный ~	석탄 터미널
нефтяной ~	원유 터미널
контейнерный ~	컨테이너 터미널
• нефтеналивной причал	원유 하역 부두
• каботажные перевозки	해안 운송
• экспортно-импортные перевозки	수출입 운송
• контейнерный ярд	컨테이너 야드
• система радиолокационной проводки судов	선박 레이더 추적 시스템
• причальные сооружения	접안 시설
• бухта	만(灣)
• фарватер	항로
• внутренняя гавань	내항 (내부 항구)
• внешняя гавань	외항 (외부 항구)
• внутренний рейд	내부 정박장
• швартовка	계류
• постановка на якорь	정박

 Электричество

- производство электроэнергии   전력 생산
- потребление электроэнергии(=энергопотребление)
   전력 소비
- энергоресурсы   에너지 자원

- электростанция   발전소
  - атомная ~   원자력 발전소
  - гидро- ~   수력 발전소
  - тепловая ~   화력 발전소
  - приливная ~   조력 발전소

- чистые источники энергии   청정 에너지원
- возобновляемые источники энергии   재생 에너지원
- снижение выбросов CO_2 CO_2 배출감소
- рынок электроэнергии   전력 시장
- льготные тарифы на электроэнергию   전기요금 혜택
- прогрессивный тариф   누진세 (누진요금)

 Арктические судоходные маршруты

- сокращение площади морского льда   해빙 감소
- снижение стоимости перевозок   운송비 절감
- глобальное потепление   지구 온난화

- объём судоходства 항행량
- Северный морской путь 북극해 항로
- Полярный Шёлковый Путь 극지 해양 실크로드
- гидрографическая съёмка 수로 촬영
- Полярный кодекс 극지법
- Международная Полярная Организация 국제 극지기구
- разведка арктических ресурсов 북극 자원 탐사
- освоение арктических ресурсов 북극 자원 개발

Судостроение

- судостроительная компания 조선업체
- судоверфь 조선소
- фрахт 화물수송
- грузовое судно 화물 선박
- контейнеровоз 컨테이너 선박
- танкер для перевозки нефти 유조선
- сухогруз 벌크화물선
- судно для перевозки автомобилей 자동차 운송 선박
- плавучая система нефтедобычи 해상 석유채굴 플랫폼
- береговое оборудование 해안 장비
- подводная лодка 잠수함
- водоизмещение 배수량
- осадка судна 흘수

 Труд

- трудовые ресурсы(=человеческие ресурсы)   노동자원
- трудоспособное население   노동 가능 인구
- подготовка кадров   인력 양성
- рабочие кадры для строительной отрасли   건설업계 근로자
- управленческие кадры   운영진, 관리자
- менеджеры среднего звена   중간 관리자
- обслуживающий персонал   서비스 종사원
- непрерывное обучение персонала   지속적인 직원 교육
- повышение КПД работников   근로자 효율성 향상
- обмен квалифицированными кадрами   전문 인력 교류
- кадровая политика   인사 정책
- повышение квалификации   전문성 향상

 Сельское хозяйство

- животноводство   축산업
- животноводческая продукция   축산제품
- производство злаковых культур   곡물 생산
- вступление во Всемирную Торговую Организацию   세계무역기구 (WTO) 가입
- минеральное удобрение   광물질 비료
- пищевая промышленность   식료품업
- рис   쌀

- пшеница 밀
- ячмень 보리
- крупный рогатый скот 소 따위의 가축
  (크고 뿔이 있는 가축)

- политика протекционизма 보호 정책
- национальный производитель 국내 생산업자

 **Рыболовство**

- рыбопромысловое судно 어선
- прибрежные воды 연안
- рыбодобывающая компания 어획업체
- рыбодобыча 어획
- ограничение годового объёма добычи 연간 어획량 제한
- рыбная продукция 어류 가공품
- рыбопитомник 양어장
- рыбоводное хозяйство 어류 양식업
- разведение рыбы 어류 양식
- скумбрия 고등어
- анчоус 멸치
- камбала 가자미
- кальмар 오징어

연습문제 정답

Ключи к упражнениям

Ключи к упражнениям 연습문제 정답

Урок 1 처음 연락하기

I Упражнение 1 I

1.
Он менеджер по продажам.
Мой друг директор по персоналу.
Моя жена специалист по работе с клиентами.
Твой муж директор по развитию бизнеса.
Его подруга менеджер по маркетингу.
Я специалист по информационным технологиям.
Ты менеджер по логистике.

2.
Наш отдел занимается продажами лако-красочных материалов (аксессуаров, косметики, полупроводников, бытовой техники).
Я специалист по закупкам лако-красочных материалов (аксессуаров, косметики, полупроводников, бытовой техники).

I Упражнение 2 I

1.
Позвольте выразить Вам благодарность (Благодарим Вас) за оперативную высококвалифицированную помощь
Позвольте выразить Вам благодарность (Благодарим Вас) за плодотворное сотрудничество.
Мы надеемся на оперативную высококвалифицированную помощь.
Мы надеемся на плодотворное сотрудничество.

2.
Прошу рассмотреть наше предложение о взаимовыгодном сотрудничестве.
Прошу рассмотреть наше предложение об организации фестиваля.
Прошу рассмотреть наше предложение о сокращении новогодних каникул россиян.
Прошу рассмотреть наше предложение о банкротстве металлургического комбината.

Правительство не рассматривает взаимовыгодное сотрудничество.
Правительство не рассматривает организацию фестиваля.
Правительство не рассматривает сокращение новогодных каникул россиян.
Правительство не рассматривает банкротство металлургического комбината.

Арбитражный суд рассмотрел заявление Федеральной налоговой службы о взаимовыгодном

сотрудничестве.
Арбитражный суд рассмотрел заявление Федеральной налоговой службы об организации фестиваля.
Арбитражный суд рассмотрел заявление Федеральной налоговой службы о сокращении новогодних каникул россиян.
Арбитражный суд рассмотрел заявление Федеральной налоговой службы о банкротстве металлургического комбината.

3.
Правительство намерено предоставить дешёвые кредиты малому бизнесу.
«Аэрофлот» предоставил скидку на все рейсы в Европу.
ОАО «РЖД» бесплатно предоставит доступ к своим IT- сервисам.

| Упражнение 3 |

1. Я уверен, что мы сможем наладить сотрудничество.
Не сомневаюсь, что нам удастся найти выход.
Он не уверен, что сумеет решить проблему.

2. Россия и Корея заинтересованы в поставках нефти из России.
Наша компания заинтересована в развитии двусторонних отношений.

Никто не заинтересован в отмене взаимовыгодной сделки.

| Упражнение 4 |

1. 3)
2. 2)
3. 1)
4. 2)

| Упражнение 5 |

1. 2)
2. 1)
3. 3)

| Упражнение 6 |

1. 3)
2. 3)
3. 1)

Урок 2 서신 교환하기

| Упражнение 1 |

Я благодарю Вас (Мы благодарны Вам) за оперативный ответ.
Я благодарю Вас (Мы благодарны Вам) за выгодное предложение.
Я благодарю Вас (Мы благодарны Вам) за взаимовыгодное сотрудничество.
Я благодарю Вас (Мы благодарны Вам) за повышение качества продукции.
Я благодарю Вас (Мы благодар-

ны Вам) за исправление ошибок
Я благодарю Вас (Мы благодарны Вам) за решение проблем
Мы очень заинтересованы в оперативном ответе.
Мы очень заинтересованы в выгодном предложении.
Мы очень заинтересованы во взаимовыгодном сотрудничестве.
Мы очень заинтересованы в повышении качества продукции.
Мы очень заинтересованы в исправлении ошибок.
Мы очень заинтересованы в решении проблем.

Нас интересует оперативный ответ.
Нас интересует выгодное предложение.
Нас интересует взаимовыгодное сотрудничество.
Нас интересует повышение качества продукции.
Нас интересует исправление ошибок.
Нас интересует решение проблем.

Мы надеемся на оперативный ответ.
Мы надеемся на выгодное предложение.
Мы надеемся на взаимовыгодное сотрудничество.
Мы надеемся на повышение качества продукции.
Мы надеемся на исправление ошибок.

Мы надеемся на решение проблем.

I Упражнение 2 I

Эта покупка будет дешевле.
Эта мебель будет дороже.
Этот начальник будет строже.
Этот сотрудник будет опытнее.
Этот праздник будет скучнее.
Это путешествие будет интереснее.
Этот компьютер будет быстрее.

I Упражнение 3 I

1.
Высылаем Вам предложение о поставках товара.
Высылаем Вам предложение о закупках продукции.
Высылаем Вам предложение о сотрудничестве.
Высылаем Вам предложение об участии в форуме.
Высылаем Вам предложение организации конференции.

Предлагаем Вам поставки товара.
Предлагаем Вам закупки продукции сотрудничество.
Предлагаем Вам участие в форуме.
Предлагаем Вам организацию конференции.

Нас интересуют поставки товара.

Нас интересуют закупки продукции.
Нас интересует сотрудничество.
Нас интересует участие в форуме.
Нас интересует организация конференции.

Мы заинтересованы в поставках товара.
Мы заинтересованы в закупках продукции.
Мы заинтересованы в сотрудничестве.
Мы заинтересованы в участии в форуме.
Мы заинтересованы в организации конференции.

2.
Ознакомьтесь со спецификацией.
Ознакомьтесь с паспортом безопасности.
Ознакомьтесь с нашими условиями сделки.
Ознакомьтесь с пожеланиями клиента.

Примите к сведению спецификацию.
Примите к сведению паспорт безопасности.
Примите к сведению наши условия сделки.
Примите к сведению пожелания клиента.

Сообщаем Вам о спецификации.
Сообщаем Вам о паспорте безопасности.
Сообщаем Вам о наших условиях сделки.
Сообщаем Вам о пожеланиях клиента.

3.
Товар соответствует (Продукция отвечает) техническим условиям.
Товар соответствует (Продукция отвечает) спецификации.
Товар соответствует (Продукция отвечает) требованиями заказчика.
Товар соответствует (Продукция отвечает) вашим условиям.

Наши условия совпадают с техническими условиями.
Наши условия совпадают со спецификацией.
Наши условия совпадают с требованиями заказчика.
Наши условия совпадают с вашими условиями.

I Упражнение 4 I

1.
Этот лак аналогичен нашей продукции (товару другой фирмы).
Этот лак похож на нашу продукцию (на товар другой фирмы).
Этот лак такой же, как наша продукция (как товар другой фирмы).

Этот лак напоминает мне нашу продукцию (товар другой фирмы).

Эти покрытия аналогичны нашей продукции (товару другой фирмы).
Эти покрытия похожи на нашу продукцию (на товар другой фирмы).
Эти покрытия такие же, как наша продукция (как товар другой фирмы).
Эти покрытия напоминают мне нашу продукцию (товар другой фирмы).

Это средство аналогично моему любимому крему.
Это средство похоже на мой любимый крем.
Это средство такое же, как мой любимый крем.
Это средство напоминает мне мой любимый крем.

Этот рисунок аналогичен известной картине.
Этот рисунок похож на известную картину.
Этот рисунок такой же, как известная картина.
Этот рисунок напоминает мне известную картину.

2.
Предложение о поставках строительных материалов.
Предложение о поставках новой продукции.

Предложение о поставках оптического покрытия.
Предложение о поставках автомобильных покрышек.

План закупок строительных материалов.
План закупок новой продукции.
План закупок оптического покрытия.
План закупок автомобильных покрышек.

I Упражнение 5 I

1. 3)
2. 1)
3. 2)

I Упражнение 6 I

1. 2)
2. 3)
3. 1)

Урок 3 출장 일정 잡기

I Упражнение 1 I

Они проявили интерес к участию в мероприятии.
Они проявили интерес к взаимовыгодному сотрудничеству.
Они проявили интерес к поставкам продукции.
Они проявили интерес к реализации проектов.
Они проявили интерес к инве-

стициям в строительство завода.

Он заинтересовался участием в мероприятии.
Он заинтересовался взаимовыгодным сотрудничеством.
Он заинтересовался поставками продукции.
Он заинтересовался реализацией проектов.
Он заинтересовался инвестициями в строительство завода.

Она выразила сомнение в участии в мероприятии.
Она выразила сомнение во взаимовыгодном сотрудничестве.
Она выразила сомнение в поставках продукции.
Она выразила сомнение в реализации проектов.
Она выразила сомнение в инвестициях в строительство завода.

Они заявили об отказе в участии в мероприятии.
Они заявили об отказе во взаимовыгодном сотрудничестве.
Они заявили об отказе в поставках продукции.
Они заявили об отказе в реализации проектов.
Они заявили об отказе в инвестициях в строительство завода.

| Упражнение 2 |

Наши партнёры проявили интерес не только к закупке продукции, но и к поставке оборудования.
Наша компания заинтересовалась не только поставкой материалов, но и закупкой оборудования.
Российская сторона выразила сомнения не только в сотрудничестве, но и в осуществлении проектов.
Мы проявили интерес не только к визиту делегации, но и к экскурсионной программе.
Они заявили об отказе не только в организации встречи, но и в визите в посольство.

| Упражнение 3 |

Приглашаем Вас ознакомиться с деятельностью предприятия.
Приглашаем Вас ознакомиться с образцами продукции.
Приглашаем Вас ознакомиться с новыми изделиями.
Приглашаем Вас ознакомиться с экскурсионной программой.
Приглашаем Вас ознакомиться с передовым опытом.

| Упражнение 4 |

Все расходы на размещение делегации берёт на себя принимающая сторона.
Все расходы на проживание сотрудников берет на себя компания.
Все расходы на трансфер гостей

берёт на себя посольство.
Все расходы на организацию поездки берёт на себя приезжающая сторона.

I Упражнение 5 I

Разрешите выразить глубокую благодарность за взаимовыгодное сотрудничество.
Позвольте выразить сердечную признательность за согласие принять делегацию.
Хотим выразить слова благодарности за радушный приём.
От имени руководства выражаем искреннюю благодарность за прекрасную организацию встречи.

I Упражнение 6 I

1. 1)
2. 2)
3. 3)

Урок 4 공항 마중 나가기

I Упражнение 1 I

1.
Я бы хотел представить вам президента нашей компании.
Разрешите представить вам министра энергетики.
Позвольте представить вам заместителя директора завода.

2.
Я бы хотел представить вам членов совета директоров.
Я хочу познакомить вас с моим (со своим) заместителем.
Я хотел бы познакомить вас с директором департамента международных связей.
Познакомьтесь, пожалуйста, с моими коллегами.
Познакомьтесь, пожалуйста, с моей женой.
Я хотел бы познакомить вас с моим отцом.
Я хочу познакомить вас с моим дядей.

3.
Мы присутствовали на встрече с министром.
Президент присутствовал на обеде в Кремле.
Делегация присутствовала на спектакле в Большом театре.

4.
Партнёры участвовали в переговорах по закупке нефти.
Россияне приняли участие в обсуждении совместного проекта.

5.
Россияне пригласили группу в Большой театр.
Нас пригласили на официальную встречу.
Мы были приглашены в ресторан «Тройка».
Я получил приглашение в

Государственный Кремлёвский дворец.
Нам прислали приглашение на ужин с президентом.

6.
Наша компания планирует открыть три филиала в России.
Совет директоров собирается обсудить этот проект.
Мы надеемся вести торговлю с Россией.
Мы считаем, что выгодно покупать нефтепродукты в России.
Компания «Хёндэ» решила увеличить производство автомобилей.

| Упражнение 2 |

Он представитель компании Самсунг в Москве.
Господин Чон представляет интересы компании «Хёндэ» в России.
Он представитель интересов компании ABC в Сеуле.

2.
Этот проект представляет большой интерес для нас.
Этот проект представляет собой угрозу для нашей компании.
Этот проект предоставляет собой препятствие для нашего с вами сотрудничества.

| Упражнение 3 |

1.
У вас случайно нет свободного времени?
У вас случайно нет информации об этой фирме?
У вас случайно нет данных о нём?
У вас случайно нет ручки?

От вас можно позвонить в полицию?
У вас можно купить сим-карту?
У вас можно получить информацию?

| Упражнение 4 |

1. 2)
2. 2)
3. 2)

Урок 5 만찬 테이블에서

| Упражнение 1 |

1.
Мы рады, что наше сотрудничество успешно развивается.
Мы рады, что визит прошёл успешно.
Мы рады, что договор о сотрудничестве был подписан.
Мы рады успешному развитию нашего сотрудничества.
Мы рады успеху нашего визита.
Мы рады подписанию договора о сотрудничестве.

2.
Министр надеется иностранные кредиты.
Он выразил надежду на поддержку российского президента.

3.
Договор послужит гарантией для успешного сотрудничества.
Договор послужит барьером для успешного сотрудничества.
Договор послужит началом для успешного сотрудничества.

4.
Наш успех стал возможным благодаря хорошему планированию.
Мы добились успеха благодаря внедрению передовой технологии.
Мы смогли расширить производство благодаря совместным усилиям.
Проект был быстро реализован благодаря высокой квалификации специалистов.

5.
Визит направлен на установление контактов с Москвой.
Наши усилия направлены на укрепление связей с Россией.
Сотрудничество направлено на разработку совместного проекта.

6.
Наша корпорация заинтересована в развитии контактов с вами.
Наша корпорация заинтересована в обмене технической информацией.
Наша корпорация заинтересована в открытии филиала в Москве.
Наша корпорация заинтересована в расширении производства.

Мы заинтересованы в том, чтобы развивать контакты с вами.
Мы заинтересованы в том, чтобы обмениваться технической информацией.
Мы заинтересованы в том, чтобы открыть филиал в Москве.
Мы заинтересованы в том, чтобы расширить производство.

7.
Мы готовы сотрудничать с российскими партнёрами.
Мы стремимся к сотрудничеству с вами.
Корпорация развивает сотрудничество с российскими компаниями.

| Упражнение 2 |

Российская бизнес-атмосфера отличается от корейской.
Российская бизнес-атмосфера отличается от американской.
Российская бизнес-атмосфера отличается от европейской.
Российская бизнес-атмосфера

отличается от китайской.
Российская бизнес-атмосфера отличается от японской.

Русские традиции отличаются от корейских.
Русские традиции отличаются от американских.
Русские традиции отличаются от европейских.
Русские традиции отличаются от китайских.
Русские традиции отличаются от японских.

В Москве разве нет китайских ресторанов?
В Москве разве нет японского этнического музея?
В Москве разве нет парка аттракционов?

Вы разве не ходили в китайские рестораны?
Вы разве не ходили в японский этнический музей?
Вы разве не ходили в парк аттракционов?

I Упражнение 3 I

1.
Извините за поздний ответ.
Простите за задержание ответа.
Прошу прощения за неожиданную ситуацию.
Извините за опоздание на встречу.
Простите за нарушение правил.

2.
Разрешите предложить тост за нашу встречу.
Давайте выпьем за успешное взаимовыгодное сотрудничество.
Давайте поднимем наши бокалы за счастье и благополучие.
Разрешите предложить тост за наше здоровье.
Давайте выпьем за дальнейшее сотрудничество.
Разрешите предложить тост за развитие нашей дружбы.

Урок 6 사전 협의하기

I Упражнение 1 I

Кроме качественного сырья нам нужны запасные части для станков.
Кроме двух заводов мы хотим построить фабрику.
Кроме покупки леса мы закупим нефтепродукты.

I Упражнение 2 I

Нас интересует возможность покупки природного сырья в России.
У меня сейчас нет возможности строительства завода в Сибири.
Мы изучаем возможности открыть совместное предприятие.
Каковы возможности оказания содействия в сотрудничестве?
Он говорил о возможности при-

езда делегации в Россию.

| Упражнение 3 |

Что касается нашего проекта, всё в порядке.
Что касается торговли с Россией, нас полностью устраивают условия.
Что касается покупки сырья, мы купим его у россиян.
Что касается заключения договора, вопрос решён.
Что касается готовой продукции, требуется увеличить объём поставок.

| Упражнение 4 |

Доходы компании зависят от стабильности российской экономики.
Наши планы зависят от решения директора.
Успех проекта зависит от многих факторов.
Темп реформ зависит от энтузиазма россиян.
Сроки строительства зависят от того, как будет действовать президент.

| Упражнение 5 |

Талантливая молодёжь располагает огромным потенциалом.
Наша компания располагает крупным автопроизводством.
Россия располагает природными ресурсами.
Производство располагает секретными сведениями.
Эта газета располагает высококлассными специалистами.

| Упражнение 6 |

Мы посоветуемся с президентом об этом проекте
Я советуюсь с заместителем о финансовой стороне вопроса.
Они советовались с нами об этом проекте.

| Упражнение 7 |

1.
Партнёры не возражают против нашего предложения.
Россияне возразили против высоких цен.
Президент возражает против строительства завода в Сибири.

2.
Нашу компанию вполне устраивает качество ваших товаров.
Нас устроило ваше предложение.
Россиян не устраивает цена этих продуктов.

3.
Наша фирма поставляет машины во все страны Азии.
Хёндэ поставляет промышленные краски в США.

Куда вы поставляете вашу продукцию?

| Упражнение 8 |

1. 3)
2. 2)
3. 3)

Урок 7 공장 방문하기

| Упражнение 1 |

Он признателен принимающей стороне за тёплый приём.
Она признательна нашим партнёрам за интересную экскурсионную программу.
Мы признательны организаторам конференции за эффективную работу.
Он признателен поставщикам продукции за соблюдение условий сделки.
Мы признательны новым работникам завода за высокое качество продукции.

| Упражнение 2 |

Если принять во внимание нашу договорённость, можно принять ваши условия.
Принимая во внимание сложившиеся обстоятельства, мы согласны с повышением цен.
Если принять во внимание условия работы, вы имеете право расторгнуть контракт.
Принимая во внимание высокий уровень качества, вы должны выполнить требования работников.
Если принять во внимание сложную экономическую ситуацию, необходимо сократить расходы.

| Упражнение 3 |

Несмотря на плохую погоду, мы поехали на пикник.
Несмотря на нехватку времени, она успела сделать все задания.
Несмотря на невыгодные условия, они заключили договор.
Несмотря на старое оборудование, мы обеспечили высокое качество товара.
Несмотря на высокую степень очистки воздуха, я работаю в маске.

| Упражнение 4 |

Качество оборудования не позволяет нам работать в три смены.
Загрязнение воздуха не позволяет им ходить без маски.
Высокая степень очистки воды позволяет пить воду из крана.
Условия договора позволяют нам отдыхать две недели.
Мировые стандарты качества не позволяют им выпускать некачественную продукцию.

| Упражнение 5 |

Эта часть работы выполняется субподрядчиками.
Эту часть работы выполняют субподрядчики.

Наш договор выполняется корейскими поставщиками.
Наш договор выполняют корейские поставщики.
Условия контракта выполняются нашими сотрудниками.
Условия контракта выполняют наши сотрудники.
Самый сложный этап выполняется опытными проектировщиками.
Самый сложный этап выполняют опытные проектировщики.
Расширение структуры компании выполняется российскими партнёрами.
Расширение структуры компании выполняют российские партнёры.

| Упражнение 6 |

Мы не отстаём от мировых стандартов.
Вы не отстаёте от новейших технологий.
Он не отстаёт от соперников.
Она не отстаёт от партнёров.
Они не отстают от самых строгих требований.

| Упражнение 7 |

1. 2)
2. 1)
3. 1)

Урок 8 협력 제안하기

| Упражнение 1 |

У нас появилась возможность открыть завод в России.
Нам предоставилась возможность продать акции.
Мы упустили шанс взять кредиты.
Фирма воспользовалась возможностью купить товары дёшево.
У них нет шансов победить в конкурентной борьбе.

| Упражнение 2 |

Фирма прервала контракт из-за недоверия к партнёрам.
Мы потеряли много денег из-за низкого качества продукции.
Объём продаж упал из-за экономического кризиса.
Мы отказались от контракта из-за невыгодных условий.
Мы повысили цены из-за повышения курса доллара.

| Упражнение 3 |

По сравнению с январём, в феврале наши продажи выросли.

По сравнению с прошлым годом, экономическая ситуация улучшилась.
По сравнению с продукцией других фирм, наши материалы лучше и дешевле.
По сравнению с предыдущей моделью, новый телефон продаётся хуже.

| Упражнение 4 |

Президент компании отчасти поддерживает наш план (моё решение, новую политику компании, новый проект, производственный план).
Наши российские партнёры отчасти согласны с нашим планом (моим решением, новой политикой компании, новым проектом, производственным планом).
Моя семья отчасти против нашего плана (моего решения, новой политики компании, нового проекта, производственного плана).

| Упражнение 5 |

1.
Какой именно лак вам нужен?
Какие именно товары вас интересуют?
Какую именно краску вы хотите?

2.
Нам нужен именно этот продукт и никакой другой.
Нам нужны именно эти станки, а не другие.
Нам нужна именно новая продукция, а не старая.

Я хочу именно этот продукт и никакой другой.
Я хочу именно эти станки, а не другие.
Я хочу именно новую продукцию, а не старую.

Надо купить именно этот продукт и никакой другой.
Надо купить именно эти станки, а не другие.
Надо купить именно новую продукцию, а не старую.

| Упражнение 6 |

Лак должен соответствовать техническим требованиям.
Материалы должны соответствовать экологическим нормам.
Продукция должна соответствовать требованиям заказчика.
Учебник должен соответствовать программе университета.
Продукция должна соответствовать паспорту безопасности материалов.

| Упражнение 7 |

1. 2)
2. 1)

3. 2)

Урок 9 주문하기

I Упражнение 1 I

Мы оформили заказ на 150 (сто пятьдесят) тысяч тонн гипсокартона.
Мы оформили заказ на поставку стекловаты.
Мы оформили заказ на разработку лакокрасочных материалов.
Мы оформили заказ на вторую половину этого года на программное обеспечение.
Мы оформили заказ на третий квартал будущего года на новый ассортимент.

I Упражнение 2 I

Спрос на поливинилхлорид резко увеличился.
Спрос на услуги турфирм значительно сократился.
Спрос на древесину заметно вырос.
Спрос на новое жильё катастрофически упал.

I Упражнение 3 I

Мы хотели бы (решили) включить этот вопрос в дискуссию.
Наша компания хотела бы (решила) включить порошковую краску в заказ.
Наш отдел хотел бы (решил) включить ещё несколько продуктов в план закупок.

I Упражнение 4 I

Если говорить о торговле с Россией, мы очень довольны.
Что касается торговли с Россией, мы очень довольны.

Если говорить о встрече в Москве, она состоится в мае.
Что касается встречи в Москве, она состоится в мае.

Если говорить о закупках нефти, мы её купим в Сибири.
Что касается закупок нефти, мы её купим в Сибири.

Если говорить о нашей компании, она за торговлю с Россией.
Что касается нашей компании, она за торговлю с Россией.

Если говорить о наших планах, мы сообщим о них позже.
Что касается наших планов, мы сообщим о них позже.

I Упражнение 5 I

Меня вполне устраивает этот договор.
Мою фирму полностью устраивает качество ваших товаров.
Нас отчасти устраивает ваше

предложение.
Президента не совсем устраивают такие поздние сроки.
Директора нисколько не устраивает размер вашего заказа.
Наших партнёров не совсем устраивает качество ваших товаров.

| Упражнение 6 |

1. 2)
2. 1)
3. 3)

Урок 10 가격 협상하기

| Упражнение 1 |

Правительство вынудило нас отказаться от кредитов.
Кредиторы вынудили нашу фирму согласится на их условия.
Ситуация вынудила его компанию сократить производство.
Президент вынудил наших партнёров закрыть два завода.
Мы вынудили их завод продать товар дёшево.

| Упражнение 2 |

Условия договора изменятся в зависимости от предложенных цен.
Бизнес в России находится в зависимости от политической ситуации.
Ситуация меняется в зависимости от спроса на товары.
Мы можем увеличить заказ в зависимости от того, будет ли товар пользоваться спросом.

| Упражнение 3 |

Наши партнёры настаивают на подписании договора.
Русские настаивают на увеличении заказа.
Клиенты настаивают на более низких ценах.
Директор настаивает на повышении цен.
Корейская сторона настаивает на сокращении сроков отправки.

| Упражнение 4 |

Нашей фирме имеет смысл (не имеет смысла) импортировать уголь.
Этой компании имеет смысл (не имеет смысла) покупать лес в Сибири.
Российским производителям имеет смысл (не имеет смысла) продавать нефть по низким ценам.
Нашим корейским партнёрам имеет смысл (не имеет смысла) принимать на себя ответственность.

I Упражнение 5 I

Наши российские партнёры уступают корейцам в этом вопросе.
Корейские поставщики делают нашим российским партнёрам уступки в цене.
Мы идём на уступки вашей компании в условиях договора.
Наша компания уступает вам в качестве продукции.

I Упражнение 6 I

1. 3)
2. 2)
3. 1)

Урок 11 커미션과 결제조건 정하기

I Упражнение 1 I

Наша сторона допускает возможность компромисса с Москвой.
Президент допускает возможность увеличения заказов в будущем.
Российские партнёры допускают возможность оформления нового контракта.
Конкуренты допускают возможность сокращения поставок.
Наша сторона допускает возможность роста конкуренции в отрасли.
Президент допускает возможность сделки на условиях заказчика.

I Упражнение 2 I

Русские сделали исключение для корейских коллег.
Посредники сделали исключение для нашей фирмы.
Мы сделали исключение для русских.
Наши партнёры сделали исключение для нас.
Поставщики сделали исключение для наших партнёров.

I Упражнение 3 I

Мы долго торговались с русскими партнёрами о ценах.
Нам пришлось торговаться с ними о размере заказа.
Мы были вынуждены торговаться с Москвой о комиссионных.
Нам пришлось торговаться с поставщиками об условиях заказа.
Мы были вынуждены торговаться с транспортной компанией о стоимости доставки.

I Упражнение 4 I

Банк настаивает на открытии нового счёта.
Президент настаивает на увеличении торговли с США.
Кредитор настаивает на уплате долгов.

연습문제 정답

ством продукции
Мы будем следить за ситуацией на рынке.
Просим вас следить за динамикой цен.

Они ведут контроль за своевременной доставкой.
Я осуществляю контроль за посещаемостью.
Он установил контроль за опозданиями на работу.
Мы ввели контроль за качеством товара.

| Упражнение 2 |

До сих пор существует опасность потери рынка в России.
Всё ещё есть возможность сокращения производства
Пока имеется угроза банкротства.
До сих пор существует возможность мирного решения проблемы.
Всё ещё имеется возможность ухода с поста директора.

| Упражнение 3 |

Мы предлагаем различные способы доставки в зависимости от запросов покупателей.
Мы предлагаем разнообразный ассортимент продукции в зависимости от бюджета компании.
Мы предлагаем различные условия договора в зависимости от требования заказчиков.
Мы предлагаем различные категории товара в зависимости от срочности доставки.

| Упражнение 4 |

Мы предлагаем авиа-доставку для срочных грузов.
Мы предлагаем доставку самолётом для маленького срочного заказа.
Мы предлагаем доставку морем (доставку по морю) для контейнера с волокном.
Мы предлагаем доставку железной дорогой (по железной дороге) для бочек с эмалью.
Мы предлагаем доставку по материку крупного груза.
Мы предлагаем сухопутную доставку для рефконтейнера с рыбой.

| Упражнение 5 |

Мы берём на себя (Вы должны взять на себя) покупку авиабилетов.
Мы берём на себя (Вы должны взять на себя) стоимость проживания.
Мы берём на себя (Вы должны взять на себя) экскурсию в Москве.
Мы берём на себя (Вы должны взять на себя) упаковку товара.
Мы берём на себя (Вы должны взять на себя) отправку груза.

Заказчик настаивает на расторжении контракта.
Клиент настаивает на срочной отправке груза.

| Упражнение 5 |

Нестабильность курса валют сказывается на экономике страны.
Рост цен сказывается на доходах населения.
Сильная инфляция сказывается на потреблении товаров
Экономический кризис сказывается на объёме экспорта.
Политическая ситуация сказывается на экономическом развитии.

| Упражнение 6 |

Чем меньше ребёнок, тем труднее за ним ухаживать.
Чем умнее студент, тем легче ему учиться.
Чем опытнее работник, тем больше у него зарплата.
Чем взрослее человек, тем труднее ему учить иностранный язык.
Чем больше страна, тем интереснее по ней путешествовать.
Чем жарче климат, тем красивее природа.

| Упражнение 7 |

Сколько (лет) заняла в у вас учёба в университете? – Учёба заняла у меня четыре года.
Сколько заняло у вашего сына обучение на курсах? – Обучение заняло у него три месяца.
Сколько заняла у вашей дочери стажировка в России? – Стажировка заняла у неё полгода.
Сколько часов заняло у неё приготовление торта? – Приготовление заняло у неё пять часов.
Сколько заняла у вашей делегации поездка в Сеул? – Поездка заняла у нас два дня.
Сколько занял у корейских партнёров полёт из Сеула в Москву? – Полёт занял у них девять часов.
Сколько заняло у ваших студентов написание книги? – Написание книги заняло у них целый год.

| Упражнение 8 |

1. 3)
2. 2)
3. 1)

Урок 12 포장·운송하기

| Упражнение 1 |

Необходимо следить за нашими конкурентами.
Нам нужно следить за каче-

Мы берём на себя (Вы должны взять на себя) страхование заказа.

| Упражнение 6 |

Мы растаможиваем груз на основании транспортной накладной и упаковочного листа.
Я так думаю на основании полученного опыта.
Он был уволен на основании многочисленных жалоб сотрудников.
Договор был расторгнут на основании приказа генерального директора.
Соглашение заключено на основании предварительных договорённостей.

| Упражнение 7 |

1. 2)
2. 2)
3. 3)

Урок 13 보험, 클레임

| Упражнение 1 |

Какого мнения вы придерживаетесь по этому вопросу?
Какой политике вы придерживаетесь в работе с клиентами?
Какой точки зрения вы придерживаетесь при страховании грузов?

Каких рекомендаций вы придерживаетесь при выборе программы обучения?

| Упражнение 2 |

Согласно последним новостям, это лето будет жарким.
Согласно этому учёному, люди могут жить до 120 лет.
Согласно исследованиям археологов, здесь раньше было море.
Согласно уставу компании, он не имеет права на отпуск.
Согласно результатам опроса, население поддерживает реформы.
Согласно мнению директора, этот проект очень перспективный.

| Упражнение 3 |

Я несу ответственность за большую семью.
Он несёт ответственность за продажу товара
Моя подруга несёт ответственность за престарелых родителей.
Сотрудники несут ответственность за качество продукции.
Она несёт ответственность за детей и мужа.
Мы несём ответственность за свою жизнь.

| Упражнение 4 |

Есть необходимость (Нет необходимости) в проверке качества продукции.
Есть необходимость (Нет необходимости) в обсуждении проблем.
Есть необходимость (Нет необходимости) в создании новой политической партии.
Есть необходимость (Нет необходимости) в улучшении отношений между сотрудниками.
Есть необходимость (Нет необходимости) в контроле за скоростью доставки.
Есть необходимость (Нет необходимости) в иске против поставщиков.

| Упражнение 5 |

Компания принимает меры по увеличению доходов.
Правительство принимает меры по ликвидации аварии.
Поставщики принимают меры по улучшению качества.
Я принимаю меры по разрешению проблем.
Студенты принимают меры по повышению успеваемости.
Полиция принимает меры по борьбе с терроризмом.

| Упражнение 6 |

Я принимаю решения в зависимости от погоды.
Мы выберем подарок в зависимости от настроения.
Ему назначат зарплату в зависимости от опыта работы.
Он делает инвестиции в зависимости от бюджета компании.
Она получит отпуск в зависимости от состояния здоровья
Компания начнёт новый проект в зависимости от решения руководства.

| Упражнение 7 |

1. 2)
2. 1)
3. 3)

Урок 14_계약 체결하기

| Упражнение 1 |

Преподаватель внёс разнообразие в уроки.
Депутаты внесли поправку в закон.
Моя семья внесла платёж в кассу.
Директор внёс фамилию в список.
Партнёры внесли добавление в контракт.

| Упражнение 2 |

Это предложение не допускает разночтений.
Контролёр не допускает нару-

шений.
Его уверенность не допускает возражений.
Правительство не допускает роста цен.
Старайтесь не допускать ошибок на экзамене.

| Упражнение 3 |

Небольшая ошибка не повод для увольнения.
Плохая погода не повод для расстройства.
Мелкая ссора не повод для обиды.
Плохое настроение не повод для изменения решения.
Проверка груза на таможне не повод для расторжения договора.

Небольшая ошибка не повод увольнять.
Плохая погода не повод расстраиваться.
Мелкая ссора не повод обижаться.
Плохое настроение не повод изменять решение.
Проверка груза на таможне не повод расторгать договор.

| Упражнение 4 |

Давайте вместе отметим Новый год!
Ты будешь отмечать день рождения?
Студенты всегда отмечают сдачу экзамена.
Как в вашей компании отмечают заключение договора?
Я отлично отметил Чусок в Корее.

| Упражнение 5 |

Приятно иметь дело с профессионалом!
Не хочется иметь дело с плохим человеком.
Мы часто имеем дело с иностранными партнёрами.
Учителя имеют дело с маленькими детьми.
Футбольная команда имеет дело с опытным противником.

| Упражнение 6 |

1. 3)
2. 3)
3. 1)

Урок 15 공항 배웅하기

| Упражнение 1 |

От лица (От имени, По поручению, Как представитель) всей нашей компании поздравляю Вас с днём рождения.
От лица (От имени, По поручению, Как представитель) всей нашей компании благодарю Вас за высокий профессионализм.

От лица (От имени, По поручению, Как представитель) всего коллектива поздравляю Вас с успешно выполненной работой.
От лица (От имени, По поручению, Как представитель) всего коллектива благодарю Вас за успешно выполненную работу.
От лица (От имени, По поручению, Как представитель) всего коллектива поздравляю Вас с отличными результатами.
От лица (От имени, По поручению, Как представитель) всех сотрудников желаю Вам прекрасного отдыха.
От лица (От имени, По поручению, Как представитель) руководства благодарю Вас за тёплый приём.
От лица (От имени, По поручению, Как представитель) моей большой семьи желаю Вам крепкого здоровья.

| Упражнение 2 |

Я (высоко, очень, особенно) ценю вашу помощь.
Я (высоко, очень, особенно) ценю большую честь, оказанную мне.
Я (высоко, очень, особенно) ценю нашу крепкую дружбу.
Я (высоко, очень, особенно) ценю возможность поговорить об этом.
Я (высоко, очень, особенно) ценю твою заботу.

Я (высоко, очень, особенно) ценю, что вы помогаете мне.
Я (высоко, очень, особенно) ценю, что мне оказана большая честь.
Я (высоко, очень, особенно) ценю, что мы крепко дружим.
Я (высоко, очень, особенно) ценю, что мы можем поговорить об этом.
Я (высоко, очень, особенно) ценю, что ты заботишься обо мне.

| Упражнение 3 |

Я волнуюсь за своих детей из-за проблем в школе.
Мы боимся за пожилых родителей из-за слабого здоровья.
Они беспокоятся за российских партнёров из-за низких доходов.
Директор волнуется за сотрудников компании плохих условий работы.
Преподаватель беспокоится за новых студентов из-за плохих оценок.

| Упражнение 4 |

1. 3)
2. 3)
3. 2)

Урок 16 주문 배송하기

| Упражнение 1 |

Мы получили подтверждение о сроках производства.
Мы получили подтверждение о готовности к отправке.
Мы получили подтверждение о выполнении заказа.
Мы получили подтверждение об успешном окончании задания.
Мы получили подтверждение о своевременной доставке.
Мы получили подтверждение о намерении партнёров.

Мы получили подтверждение сроков производства.
Мы получили подтверждение готовности к отправке.
Мы получили подтверждение выполнения заказа.
Мы получили подтверждение успешного выполнения заказа.
Мы получили подтверждение своевременной доставки.
Мы получили подтверждение намерения партнёров.

| Упражнение 2 |

Меня подвела погода и я попал под дождь.
Меня подвели поставщики и я не получил товар.
Меня подвёл друг и я провёл отпуск в городе.
Меня подвела старая машина и я не успел на работу.
Меня подвел компьютер и я не смог выполнить задание.

| Упражнение 3 |

1. Отпуск обошёлся мне очень дорого.
Новая машина обошлась нашей семье в двести тысяч рублей.
Покупка одежды обошлась моей подруге в половину зарплаты.
Поездка на море обошлась нам совсем не дорого.
Ремонт квартиры обошёлся моему другу очень дёшево.
2. Мы (не) экономим на авиабилетах.
Они (не) экономят на стройматериалах.
Я (не) экономлю на отеле.
Никто (не) экономит на зимней одежде.
Моя семья (не) экономит на комфорте.
Наша компания (не) экономит на качестве.

| Упражнение 4 |

Я рассчитываю, что торговля с Россией будет успешной.
Я рассчитываю, что погода будет хорошей.
Я рассчитываю, что контракт будет выполнен своевременно.
Я рассчитываю, что переговоры пройдут успешно.
Я рассчитываю, что качество товара будет высоким.

Я рассчитываю на успешную торговлю с Россией.
Я рассчитываю на хорошую погоду.
Я рассчитываю на своевременное выполнение контракта.
Я рассчитываю на успешное проведение переговоров.
Я рассчитываю на высокое качество товара.

| Упражнение 5 |

1. 3)
2. 2)
3. 3)